TRAKTOR TOTAL

TRAKTOR TOTAL

Josephine Roberts

DK

DK Penguin Random House

Projektbetreuung Miezan van Zyl
Cheflektorat Esther Ripley
Bildredaktion Editor Jacqui Swan, Karen Self
Herstellung Adam Stoneham, Gemma Sharpe
Umschlaggestaltung Mark Cavanagh, Claire Gell, Sophia MTT
Bildrecherche Nic Dean
DK Picture Library Claire Bowers, Rob Nunn, Romaine Werblow
Fotos Gary Ombler
Art Director Phil Ormerod
Programmmanager Liz Wheeler
Programmleitung Jonathan Metcalf

DK India
Projektbetreuung Suparna Sengupta
Lektorat Sreshtha Bhattacharya
Cheflektorat Pakshalika Jayaprakash
Redaktionsassistenz Ira Pundeer
Bildredaktion Chhaya Sajwan, Neha Sharma, Sukriti Sobti, Arunesh Talapatra, Priyansha Tuli, Vansh Kohli
Herstellung Pankaj Sharma, Balwant Singh
DTP-Design Vijay Kandwal, Rajesh Singh Adhikari, Shanker Prasad
Bildrecherche Aditya Katyal, Taiyaba Khatoon

Für die deutsche Ausgabe:
Projektbetreuung Dörte Eppelin
Herstellungskoordination Saskia Bemmann
Herstellung Inga Reinke

Titel der englischen Originalausgabe:
Total Tractor

Übersetzung Burkhard Schäfer
Lektorat Birgit Reit
Satz Roman Bold & Black, Köln

ISBN 978-3-8310-2918-1
5902-197158-20998-11

Druck und Bindung Leo Paper Products, China

MIX Papier | Fördert gute Waldnutzung FSC® C018179

www.dk-verlag.de

INHALT

1 STARKE MASCHINEN

2

AUF DEM BAUERNHOF

3

NICHT NUR AUF FELDERN

EINFÜHRUNG

Willkommen in der vielfältigen Welt der Traktoren, Landmaschinen und Spezialfahrzeuge! Seit über 100 Jahren werden Traktoren und andere Maschinen immer weiterentwickelt und unseren Bedürfnissen angepasst. So sind aus einfachen Motoren auf Stahlrädern die komplexen, spezialisierten Maschinen von heute geworden.

Der Mensch braucht Traktoren aller Art, um Nahrungsmittel und Werkstoffe herzustellen und um Parks und Straßen instand zu halten. Aber Traktoren können auch Spaß machen! In diesem Buch gibt es coole, pfiffige, putzige und verrückt aussehende Traktoren. Welcher ist dein Lieblingstraktor?

GEFAHR

Teile, die sich rasch bewegen, können Hände und Kleidung einklemmen. Halte dich von arbeitenden Maschinen fern!

SICHERHEIT

In manchen Ländern dürfen Kinder nicht auf Traktoren mitfahren. Halte dich an die Regeln. Sicherheit geht immer vor!

PASS AUF!

Der Fahrer kann dich vielleicht nicht sehen oder hören. Halte genügend Abstand von fahrenden Maschinen!

STARKE MASCHINEN

1

MODERNE TRAKTOREN

Heutige Traktoren können als leistungsstarke „Schlepper“ schwere Lasten über raues Gelände ziehen und viele Maschinen antreiben. Die Motorleistung wird oft noch in der Einheit Pferdestärke (PS) angegeben, die auf die Zeit zurückgeht, als Dampfmaschinen Arbeitspferde ersetzten.

Massey-Ferguson-Traktoren sind leicht zu erkennen: Sie sind meist rot und haben graue Räder.

Kühlergrill

Rahmen zum Einhängen von Gewichten

Die Reifen sind vorn 48 cm und hinten 62 cm breit.

MASSEY FERGUSON 7619

HERKUNFT USA
ERSTES BAUJAHR 2013
GEWICHT 10 300 kg
LEISTUNG 170 PS (125 kW)

Massey Ferguson stellt seine roten Traktoren seit 1958 her und ist eine der beliebtesten Traktormarken der Welt.

MAGNOLIA SEAWAYS

BEREIT ZUR VERLADUNG

Traktoren werden in vielen verschiedenen Ländern gebaut. Oft werden sie mit Lastwagen, Zügen oder Schiffen zu den Händlern auf der ganzen Welt gebracht, die sie an die Bauern verkaufen. Diese Traktoren hier werden an Bord eines Schiffs rollen. Kleinere Traktoren werden manchmal zerlegt transportiert und erst am Zielort zusammengebaut.

DAMPFKRAFT

SPITZE
Die Höchstgeschwindigkeit beträgt etwa 8 km/h.

Vor der Erfindung von Traktoren wurden schwere landwirtschaftliche Geräte und Lasten mit Dampfkraft gezogen. Bis Mitte des 20. Jahrhunderts wurden Dampfmaschinen durch die stärkeren Verbrennungsmotoren verdrängt, die auch heute noch die meisten Autos antreiben.

Bei diesem Dampftraktor brennt in der Feuerbüchse ein Kohlefeuer. Dadurch wird Wasser im Kessel erhitzt und zu Dampf. Unter hohem Druck treibt der Dampf die mechanischen Teile an, die dann den Traktor bewegen.

Clayton & Shuttleworth baute nicht nur landwirtschaftliche Maschinen, sondern auch Flugzeuge.

CLAYTON & SHUTTLEWORTH DOROTHY

HERKUNFT Großbritannien (GB)
ERSTES BAUJAHR 1914
GEWICHT 10 000 kg
LEISTUNG 5 PS (3,7 kW)

Andere Maschinen von Clayton & Shuttleworth hatten Namen wie Peggy, Dusty und Lady Jean.

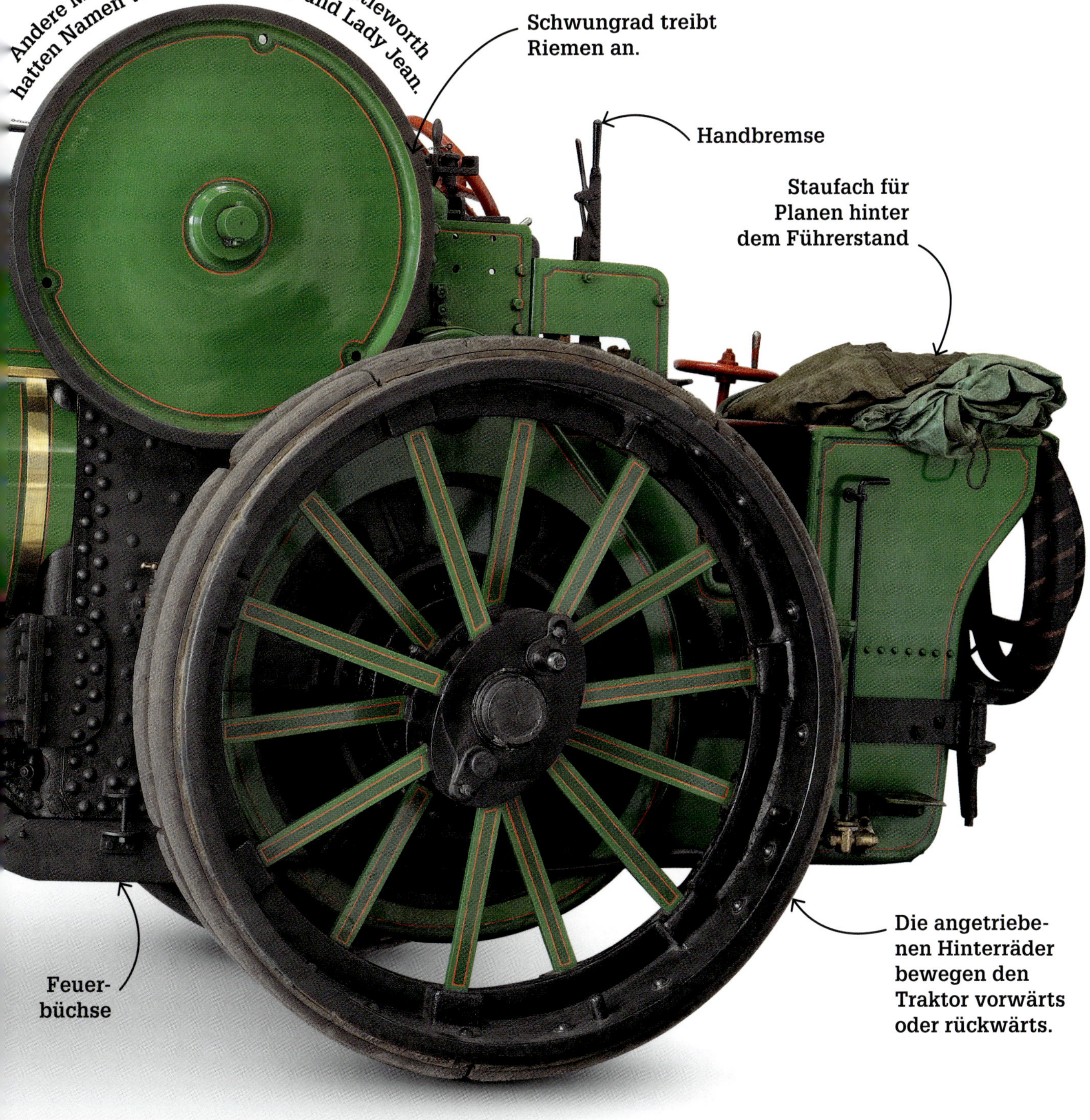

DAMPFMASCHINEN

Die meisten Dampftraktoren waren unheimlich stark beim Antreiben oder Ziehen von schweren Landmaschinen, sie fuhren aber sehr langsam – manchmal nicht schneller als die Pferde, die sie ersetzten. Aber die wuchtigen Maschinen waren stärker.

▼ OLD NICK

MARSHALL-LANDMASCHINE

GROSSBRITANNIEN **1908**

Marshall, Sons and Co. war ein berühmter britischer Hersteller von Dampfzugmaschinen, Dampfwalzen, Landmaschinen und Traktoren.

Diese Maschine hatte den Spitznamen „Old Nick“.

Rauchkammertür

Räder mit Hartgummiauflage

◀ DAMPF IN DER PRÄRIE

HUBER NR. 185 | USA **1915**

Dies war einer der ersten Prärietraktoren, die amerikanischen Farmern halfen, ihre riesigen Felder zu bestellen.

▼ PFLUGANTRIEB

FOWLER PFLUGLOKOMOBIL AA7

GROSSBRITANNIEN **1917**

Zwei dieser Maschinen standen sich an den Feldrändern gegenüber und zogen mit der Winde einen großen Pflug hin und her.

▶ UNGEWÖHNLICH

AVERY | GROSSBRITANNIEN **1911**

Dieser ungewöhnliche 40-PS-Traktor sieht mit der unten liegenden Maschine eher wie eine Eisenbahnlokomotive aus.

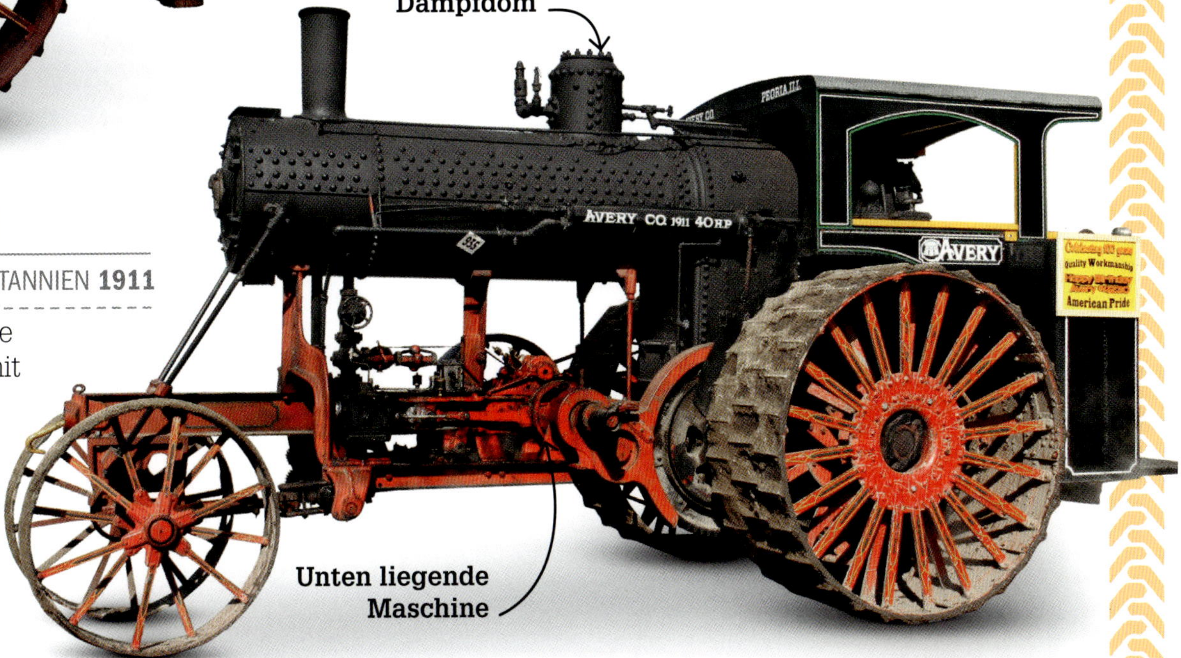

◀ SPÄTES MODELL

BRYAN-DAMPFTRAKTOR

USA **um 1920**

Das Wasser wurde hier mithilfe von Petroleum statt Kohle erwärmt. So ging das Erhitzen viel schneller.

AHA!

Der Kessel eines Dampftraktors musste regelmäßig geprüft werden, damit er nicht explodierte.

DIE ERSTEN TRAKTOREN

Der britische Erfinder Daniel Albone (rechts im Bild) war bereits als Radrennfahrer und Fahrradhersteller berühmt, als er den ersten erfolgreichen leichten Traktor erfand. Sein „Ivel Agricultural Motor“ von 1902 erhielt viele Auszeichnungen. Nur etwa 500 dieser Traktoren wurden gebaut.

FRÜHE TRAKTOREN

Anfang des 20. Jahrhunderts wurde die Dampfkraft von Benzinmotoren abgelöst. Die Traktorhersteller hofften, dass die modernen Bauern ihre tollen, neuen Fahrzeuge kaufen würden, wenn sie erkannten, dass sie ihre Arbeit damit besser erledigen konnten als mit Pferden.

Riemen und Riemenscheibe zum Antrieb von Landmaschinen

▲ EINER DER ERSTEN

IVEL AGRICULTURAL MOTOR | GB **1902**

Dieser leichte Traktor mit Benzinmotor hatte je einen Vorwärts- und Rückwärtsgang. Er leistete 8 PS (Pferdestärken).

Das Dach schützt den Fahrer vor der Sonne.

Als erste Firma nannte Hart-Parr ihre Maschinen „Traktoren“.

◀ URSPRÜNGLICHE „TRAKTOREN“

HART-PARR 20–40 | USA **1920**

Diese riesigen Traktoren wurden in Iowa (USA) für die Landwirtschaft auf den weiten, ebenen Prärien gebaut.

Eine verbesserte Lenkung vereinfachte das Wenden.

Geschwungener Rahmen

◀ OFT VERKAUFT

INTERNATIONAL HARVESTER MOGUL

USA **1914**

Die in den USA gebauten „Mogul“-Traktoren waren sehr beliebt und wurden in viele Länder auf der ganzen Welt geliefert.

Der Kraftstofftank für den Petroleummotor sitzt ganz vorn.

▶ SCHWERGEWICHT

RUMELY OIL PULL

USA **1910**

Diese Traktoren der Firma Advance-Rumely waren große, schwere Maschinen. Sie verbrannten Petroleum und wurden mit Öl gekühlt.

AHA! Der erste Oil Pull wurde „Petroleum-Annie“ genannt.

◀ WASSERGEKÜHLT

INTERNATIONAL HARVESTER TITAN | USA **1917**

Als die Firma International Harvester den „Titan“ baute, war sie bereits der führende Traktorhersteller der Welt.

▼ LEISTUNGSFÄHIG

WATERLOO BOY

USA **1917**

John Deere kaufte die Firma Waterloo Gasoline Engine und nutzte ihre Traktoren als Grundlage für seine eigenen ersten Traktoren.

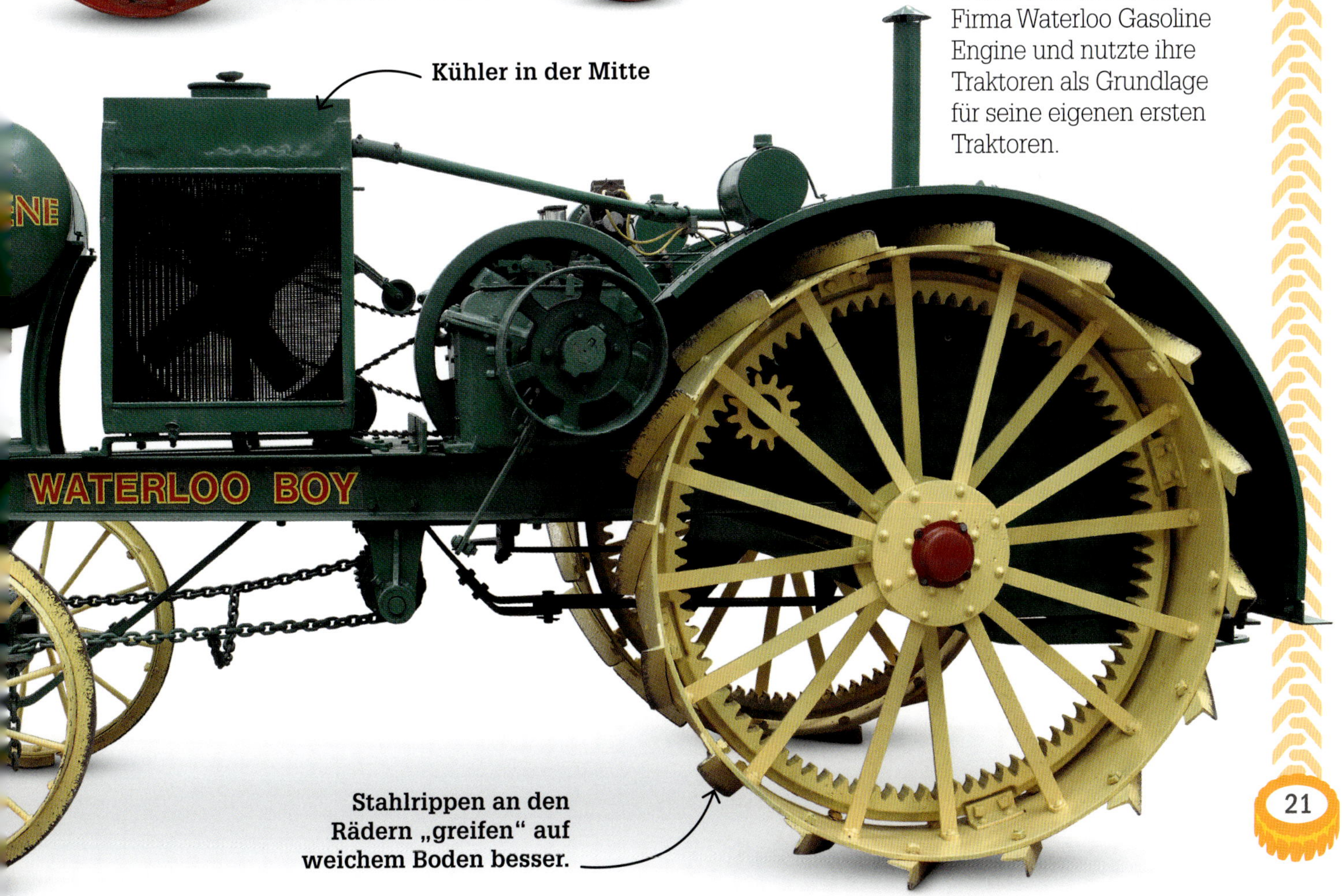

NEUE FORMEN

Fortschritte in der Technik machten die Traktoren kleiner, leichter und einfacher zu fahren. Sie sahen heutigen Modellen schon ähnlicher. Da die neuen Maschinen billiger waren, konnten viele Bauern sie sich leisten. Mit Traktoren ließ sich mehr Land bestellen als mit Pferden und es waren weniger Arbeiter nötig.

▲ EINER FÜR VIELE

FORDSON MODELL F	USA **1917**

Mit Blockbauweise ohne Rahmen war er der erste kleine, leichte, erschwingliche und in Massen produzierte Traktor der Welt.

▲ LEISTUNGSFÄHIG

CASE MODELL C	USA **1929**

Dieser kleine Traktor hatte bereits ein modernes, windschnittiges Aussehen. Für den Antrieb sorgte ein Vierzylinder-Benzinmotor.

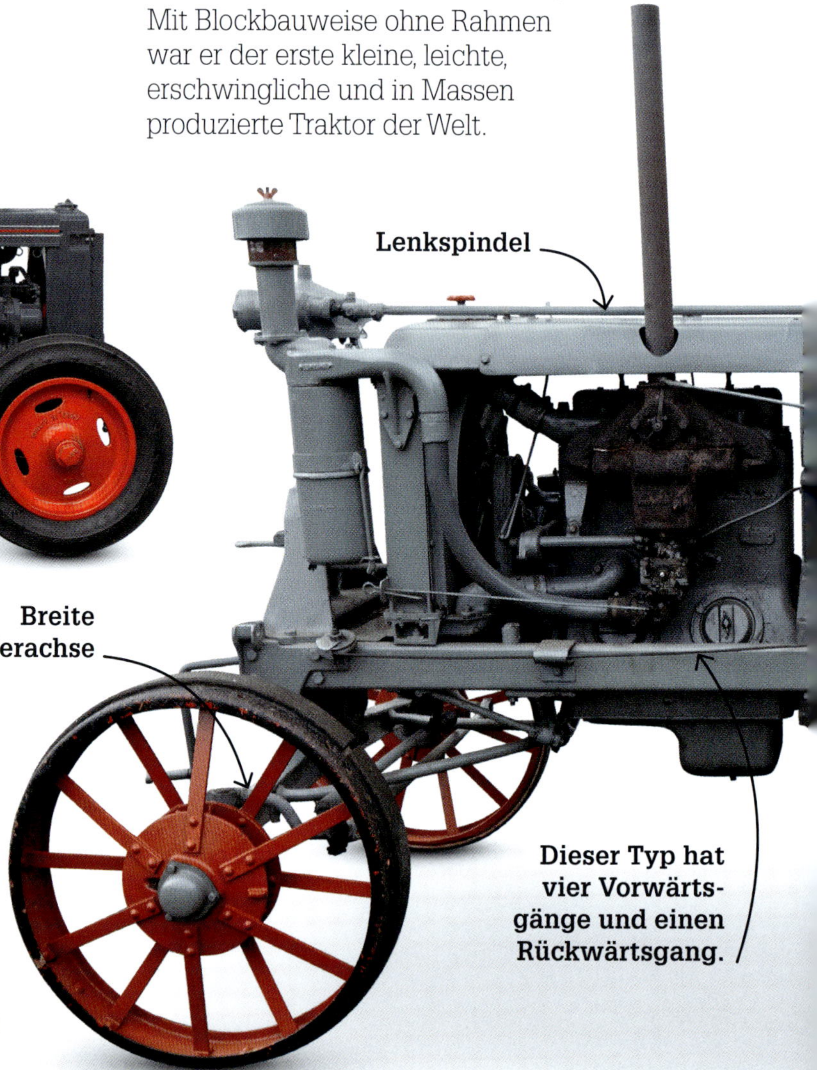

▶ ALLZWECKTRAKTOR

FARMALL F-20	USA **1932**

Dieser leichte und einfach zu steuernde Traktor war ideal für die Feldarbeit. Es gab auch eine Ausführung mit drei Rädern.

Auspuff unten wie bei einem Auto

◀ DER NEUE STANDARD

FORD 9N	USA **1939**

Der 9N war der erste Traktor mit dem Markennamen Ford. Dieser einfache und leicht zu bedienende Typ hatte eine Dreipunkt-Aufnahme und eine hintere Zapfwelle zum Antrieb von Geräten.

Einige frühe David-Brown-Traktoren hatten eine Sitzbank.

Die Verkleidung schützt Hände und Füße vor Wind und Spritzwasser.

▶ SCHNELLER MIT STIL

DAVID BROWN VAK 1	GROSSBRITANNIEN (GB) **1939**

Zum abgerundeten Design gehörte eine Verkleidung am Armaturenbrett, die den Fahrer in kalten britischen Wintern schützen sollte.

148 690 dieser Traktoren wurden zwischen 1932 und 1939 gebaut.

Stahlräder

Gummireifen

▲ KLEINER GRAUER FERGIE

FERGUSON TE-20	GB **1946**

Der irische Ingenieur und Erfinder Harry Ferguson entwarf und baute diesen Traktor, der weltbekannt wurde. Bei Sammlern ist er noch heute beliebt.

DREIRADTRAKTOR

Die leichten Dreiradtraktoren mit schmaler Front wurden für die Feldarbeit zwischen Pflanzenreihen entwickelt. Sie konnten zwischen den Pflanzen hindurchfahren, waren besonders leicht zu lenken und hatten einen sehr kleinen Wendekreis. Damit waren sie für die Arbeit auf kleineren Flächen ideal geeignet.

Heute sind Dreiradtraktoren außergewöhnlich, aber in Nordamerika waren sie zwischen etwa 1930 und 1960 die gebräuchlichste Bauform.

Verschiedene Geräte ließen sich an den Dreiradtraktor anbauen. Hier wird ein Häufelpflug über das Feld gezogen, der eine saubere Abfolge von Furchen und Dämmen erzeugt.

AHA!
Dreiradtraktoren können auf sehr unebenem Boden leicht umkippen.

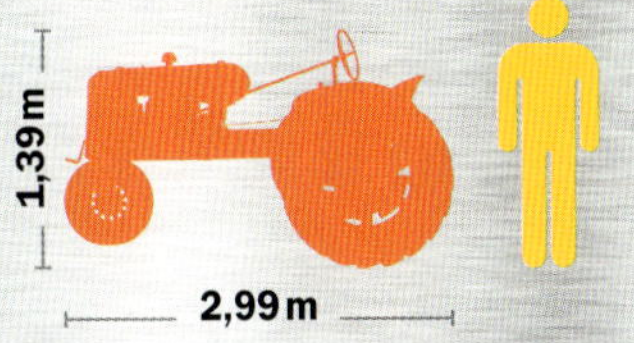

CLETRAC GENERAL

HERKUNFT USA
ERSTES BAUJAHR 1939
GEWICHT 1410 kg
LEISTUNG 17 PS (12,5 kW)

Dreiradtraktoren wurden sogar schon beim „Traktorballett“ vorgeführt.

Mit dem hoch liegenden Rahmen kann der Traktor über Pflanzen hinwegfahren, ohne sie zu beschädigen.

Die Spurweite der Hinterräder ist verstellbar.

ÜBERGANG ZUM DIESEL

Dieselmotoren haben gegenüber Benzinmotoren viele Vorteile: Sie sind leistungsfähiger und sicherer, weil der Kraftstoff nicht explodieren kann. Außerdem halten die Motoren oft länger. Dennoch verbreiteten sich Dieseltraktoren erst ab etwa 1960.

▲ RAUPENKRAFT

CATERPILLAR SIXTY	USA **1931**

Der erste Diesel-Caterpillar verkaufte sich nicht gut, weil die Farmer diese Antriebsart nicht kannten. Später entschieden sich jedoch immer mehr für Dieselmotoren.

▶ DIESEL AUS AUSTRALIEN

MCDONALD TWB	AUSTRALIEN **1932**

Diesen Dieseltraktor mit „Glühkopf"-Motor bauten die weitsichtigen Brüder McDonald aus Melbourne (Australien). Der beliebte TWB beruhte auf dem Lanz Bulldog und auf Rumely-Typen.

▲ „HOT“-BULLDOG

LANZ BULLDOG D 9531

DEUTSCHLAND **1935**

Der Lanz Bulldog hatte einen Einzylinder-Dieselmotor, dessen „Glühkopf“ vor dem Anlassen mit einer Lötlampe erwärmt werden musste.

▲ TEUER UND LAUT

MARSHALL 12–20 | GB **1936**

Dieser Typ ist der Vorläufer des Field Marshall. Er wird von einem Einzylinder-Dieselmotor angetrieben. Im Betrieb machte der Motor ein unverkennbares „Pop-pop“-Geräusch.

▶ DIESELPIONIER

INTERNATIONAL TD-14

USA **1939**

Ab etwa 1935 baute International Dieseltraktoren, die schwerere Lasten ziehen konnten als Traktoren mit Benzinmotoren und billiger zu betreiben waren.

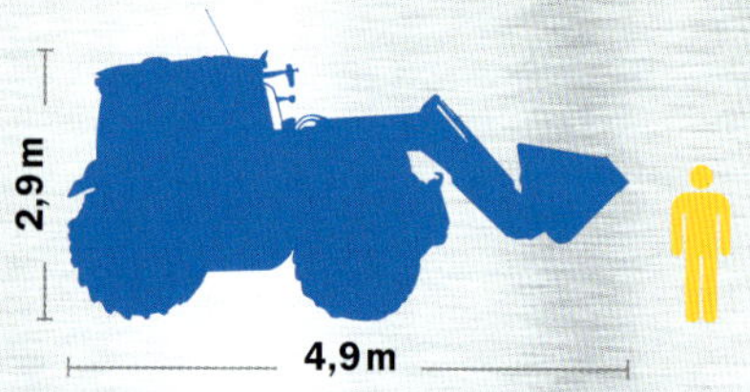

NEW HOLLAND T6.140 METHANE POWER

HERKUNFT USA
ERSTES BAUJAHR 2013 (Prototyp)
GEWICHT 9000 kg
LEISTUNG 135 PS (99,3 kW)

AHA!
Methan-Antriebe erzeugen 80 % weniger schädliche Abgase als Dieselmotoren.

ALTERNATIVE KRAFTSTOFFE

Die meisten Traktoren verbrauchen große Mengen Diesel – ein teurer, nicht erneuerbarer fossiler Kraftstoff. Wissenschaftler arbeiten an anderen, nachhaltigen und umweltfreundlicheren Kraftstoffen wie Methangas (aus Dung) und Biokraftstoff (aus vergorenen Pflanzen).

NACHHALTIG

Wenn ein Bauernhof seinen Kraftstoff selbst herstellen kann, z. B. aus Dung oder Pflanzen, spart das Geld und hilft der Umwelt. Dung aus dem Stall gibt Methangas ab. Pflanzen wie Sonnenblumen, Raps und Zuckerrohr lassen sich vergären, um daraus Biokraftstoffe zu erzeugen.

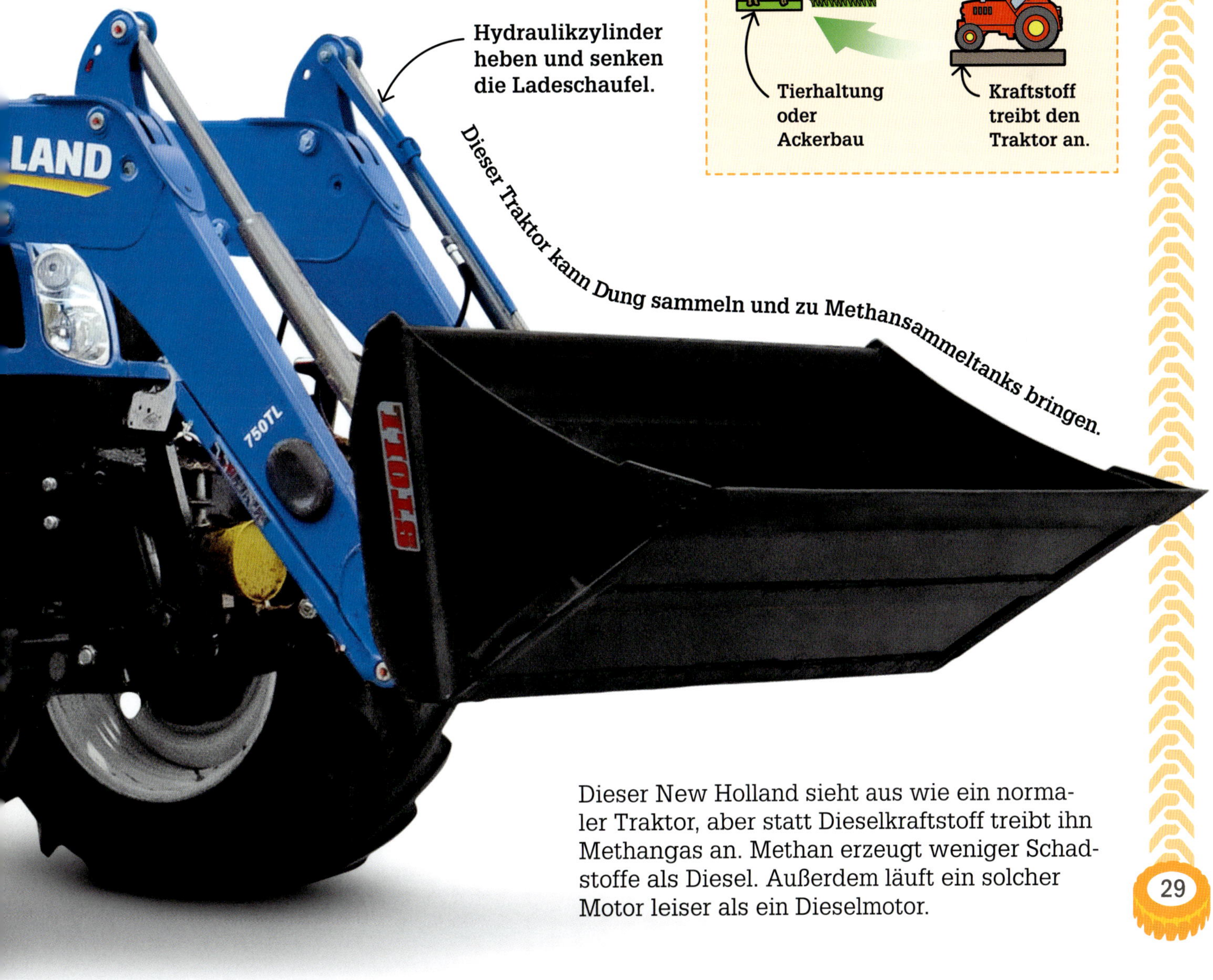

Dieser New Holland sieht aus wie ein normaler Traktor, aber statt Dieselkraftstoff treibt ihn Methangas an. Methan erzeugt weniger Schadstoffe als Diesel. Außerdem läuft ein solcher Motor leiser als ein Dieselmotor.

LANDWIRTSCHAFT IN DER ZUKUNFT

Die wachsende Bevölkerung benötigt immer leistungsfähigere Maschinen, um genügend Nahrungsmittel und Werkstoffe erzeugen zu können. Der neuartige Traktor ANTS von Valtra ist bisher nur ein Modell, er könnte aber zukünftige Konstruktionen beeinflussen. Die vielseitige Maschine kann sich an verschiedenste Aufgaben anpassen.

REIFEN UND PROFILE

Traktoren sind vielseitig und können auf verschiedensten Böden arbeiten. Mancher Untergrund erfordert allerdings besondere Räder oder Reifen. Die meisten Traktorräder lassen sich nach Bedarf wechseln: Je nach Arbeit verwendet man unterschiedliche Reifenprofile.

WINTERDIENST

Schnee und Eis können so rutschig sein, dass selbst grobstollige Gummireifen nicht genügend Halt bieten. Um die Bodenhaftung zu verbessern, werden dann Schneeketten um die Reifen gelegt. Die Kettenglieder pressen sich in den Schnee und ermöglichen dem Traktor sicheres Fahren.

Früher hatten die meisten Traktoren Räder aus Stahl. Zusätzliche Haftung boten „Zähne“ (Winkelgreifer) auf der Lauffläche der Räder.

Greifer bieten auf weichem Boden mehr Halt.

Vorderräder ohne Greifer

GREIFER

Abnehmbare Schutzringe verhindern Schäden auf Straßen oder Feldern.

SCHUTZRINGE

Dieser Massey Harris hat Allradantrieb.

Die meisten Traktoren haben Gummireifen auf Stahlfelgen, mit denen das Fahren angenehmer ist als auf Ganzstahlrädern.

Das Rippenprofil erleichtert das Lenken und bietet Halt in Kurven.

VORDERRAD MIT DREIRIPPENPROFIL

Industrietraktoren haben oft ein kleineres Profil, weil sie meist auf Asphalt oder Beton fahren.

INDUSTRIEPROFIL

Große Räder mit Standardprofil für die Feldarbeit

ACKERPROFIL

Ein Überrollbügel schützt den Fahrer, falls der Traktor umkippt.

Feines Rasenprofil für die Arbeit in Parkanlagen, auf Sport- und Golfplätzen

RASENPROFIL

Breite „Niederdruckreifen“ verteilen das Gewicht des Traktors auf eine größere Fläche, damit er nicht so leicht einsinkt.

Die Reise zum Südpol dauerte mehr als 80 Tage und war über 1930 km lang.

ZUM SÜDPOL

Zuverlässige Ferguson-Traktoren brachten den Entdecker Sir Edmund Hillary (links) und seine Männer 1958 zum Südpol. Die „Fergies“ hatten auf jeder Seite ein zusätzliches Rad und liefen auf Raupenketten, die auf Schnee und Eis sicheren Halt boten. „Kabinen“ aus Segeltuch schützten die Fahrer vor der bitteren Kälte.

AUF KETTEN

Kettentraktoren fahren auf Raupenketten statt auf Rädern. Sie eignen sich für die Arbeit in unebenem Gelände oder im Schnee. Die Ketten verteilen das Gewicht des Fahrzeugs gleichmäßig über den Boden und bieten hervorragenden Halt.

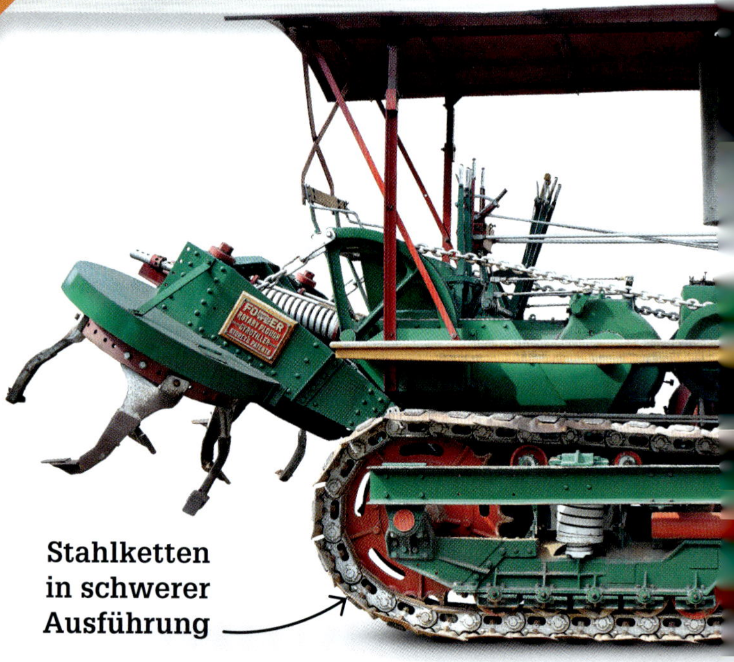

Stahlketten in schwerer Ausführung

▼ RAUPENKETTE

CATERPILLAR D7

USA **1940**

Der Caterpillar („Raupe“) konnte einen schweren Pflug ziehen oder mit einem Schild als Planierraupe arbeiten.

▲ TEURER TRAKTOR

FOWLER GYROTILLER

GROSSBRITANNIEN (GB) **1927**

Dieser Kreiselgrubber konnte Brachland für den Ackerbau vorbereiten, er war aber für die meisten Bauern zu teuer.

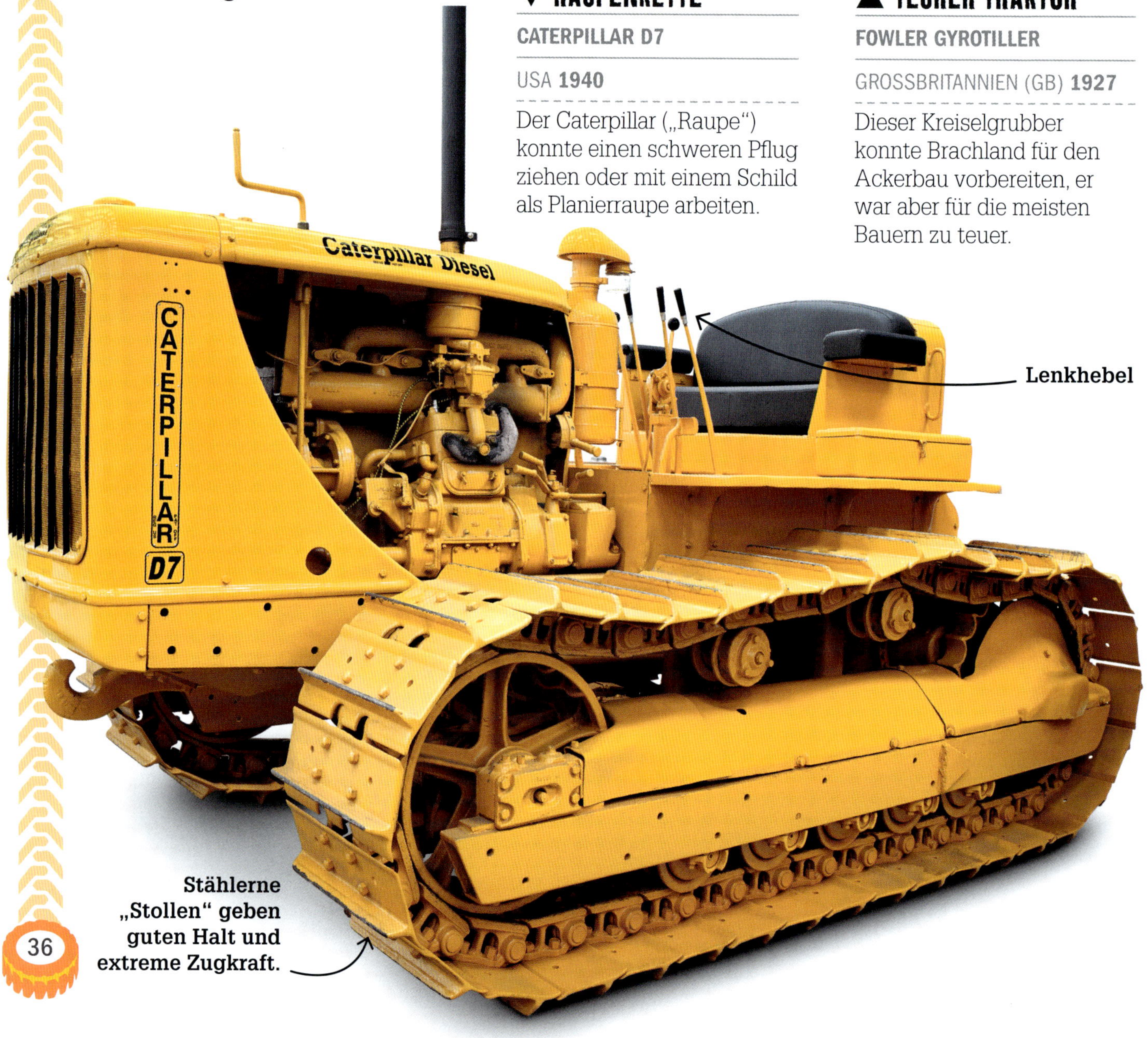

Lenkhebel

Stählerne „Stollen“ geben guten Halt und extreme Zugkraft.

SO FUNKTIONIERT EINE RAUPENKETTE

Die Zähne am Kettenrad greifen in die Schlitze auf der Innenseite der Kette und ziehen sie herum, ähnlich wie bei einer Fahrradkette. Die Leit- und Stützrollen führen die Kette, auf den Laufrollen bewegt sich das Fahrzeug auf der Kette voran.

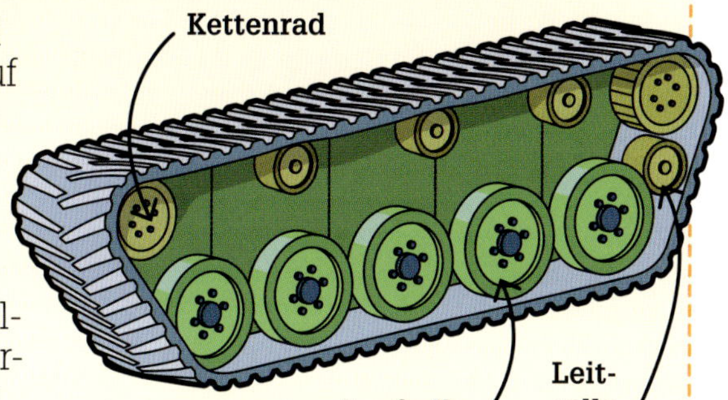

▲ SCHÜTZENPANZER

ALVIS FV103 SPARTAN | GB **1978**

Diesen bis zu 95 km/h schnellen Schützenpanzer und ähnliche Fahrzeuge setzt die britische Armee seit vielen Jahren ein.

◀ RAUPENBAGGER

JOHN DEERE 160D LC | USA **2007**

Spitze Steine können auf Baustellen Reifen zerstören. Den festen und dennoch biegsamen Ketten solcher Bagger können sie dagegen nichts anhaben.

▶ AUF GUMMIKETTEN

JOHN DEERE 333E TRACK LOADER

USA **2013**

Dieser Kompaktlader hat im Dreieck verlaufende Gummiketten. Sie sind ideal für die Arbeit auf Asphalt und Beton, weil sie den Boden nicht beschädigen.

GUMMIKETTEN

Ketten- oder Raupentraktoren sind langsamer als Radtraktoren. Sie haben aber Vorteile in schwierigem Gelände: Die Ketten verteilen das Gewicht des Fahrzeugs auf eine viel größere Fläche und verhindern, dass es wegrutscht oder in weichen Böden wie Schlamm, Sand oder Schnee einsinkt.

Challenger war der erste Hersteller, der vor fast 30 Jahren Ackerschlepper mit Gummiketten baute.

Mit Gummiketten konnten Raupenschlepper wie der Challenger auch auf Straßen fahren. Die Stahlketten früherer Raupenfahrzeuge zerstörten mitunter die Straßenoberfläche.

CHALLENGER MT765D

HERKUNFT USA
ERSTES BAUJAHR 2012
GEWICHT 14 095 kg
LEISTUNG 350 PS (261 kW)

SCHNELLER

Feldarbeit läuft meistens langsam und stetig ab. Aber vom Bauernhof zum Feld müssen Traktoren auch auf der Straße fahren. Diese Traktoren sind für Aufgaben gedacht, bei denen es auf Geschwindigkeit ankommt.

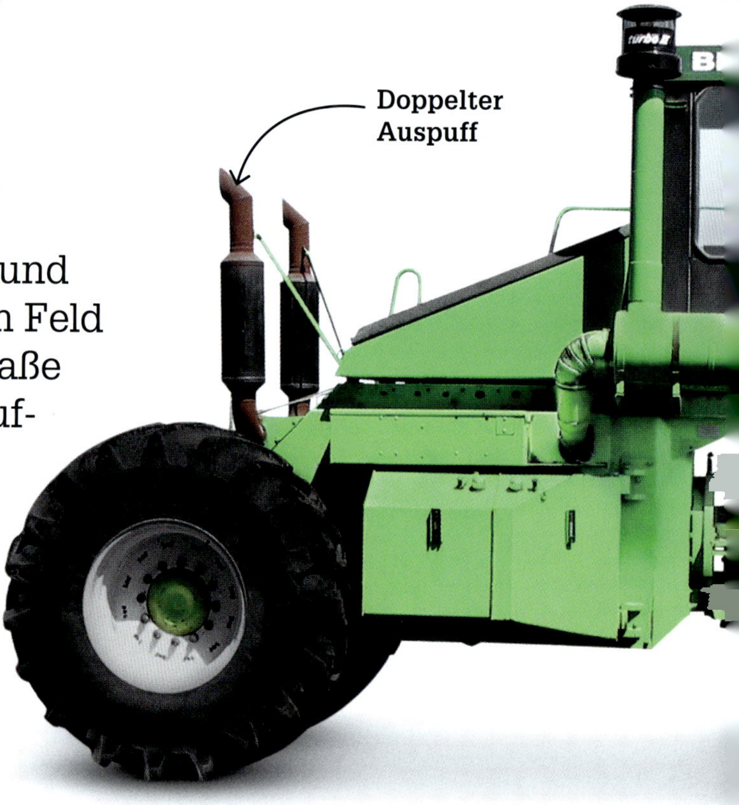

▲ FLOTTES FAHRZEUG

BIMA 360 | FRANKREICH (FR) **1983**

Der leistungsstarke Bima 360 aus Velye (Frankreich) hat vorn und hinten Kraftheber und Zapfwellen. Seine einzigartige, weit vorn liegende Kabine bietet dem Fahrer eine hervorragende Sicht.

▲ TRAKTOR UND LASTWAGEN

TRANTOR MK II | GROSSBRITANNIEN **1983**

Diese schnelle Zugmaschine war ihrer Zeit weit voraus: Sie sollte als eines der ersten Fahrzeuge die Aufgaben von Traktor und Transporter erfüllen.

▶ SCHNELLER

MB TRAC 1000

DEUTSCHLAND **1980**

Im Vergleich zu anderen Traktoren in dieser Zeit war der MB trac von Mercedes-Benz sehr schnell und modern.

▶ SCHNELL UND KOMFORTABEL

CLAAS XERION 3800

DEUTSCHLAND (DE) **2007**

Dieser deutsche Claas mit Allradantrieb und Allradlenkung hat einen Sechszylinder-Dieselmotor mit 379 PS. Er kann bis zu 50 km/h erreichen.

Frontkraftheber

Vier gleich große Räder

▼ FÜR DIE STRASSE

FENDT 936 VARIO | DE **2006**

Im Gegensatz zu vielen anderen schnellen Traktoren hat dieser bis zu 60 km/h schnelle Fendt aus Deutschland die herkömmliche Form eines Traktors.

Sechszylinder-Dieselmotor mit Turbolader

Luftgefederte Kabine sorgt für angenehmes Fahren.

Moderne Bremsen machen den Traktor sehr sicher.

FLITZER

Der erstaunliche JCB Fastrac wurde auf Leistung ebenso wie auf Geschwindigkeit ausgelegt. Solche schnellen Traktoren können die alltägliche Arbeit auf einem Bauernhof erledigen, genauso jedoch schwere Lasten komfortabel und schnell auf der Straße ziehen.

SPITZE

Manche JCB Fastracs können bis zu 80 km/h erreichen.

Viele Ackerschlepper fuhren bei hohen Geschwindigkeiten unruhig und unkomfortabel. Der JCB Fastrac hat jedoch eine besondere Federung, die auch schnelles Fahren für den Fahrer angenehm macht.

3 m
5,8 m

JCB FASTRAC 185-65

HERKUNFT Großbritannien
ERSTES BAUJAHR 1994
GEWICHT 6500 kg
LEISTUNG 188 PS (138 kW)

In der geräumigen, mittig liegenden Kabine kann der Fahrer komfortabel arbeiten.

Anbaupunkt für Ackergeräte

Hinterer Kotflügel

Stufen zur Kabine

FAHRERKABINEN

Die ersten Traktoren hatten gar keine Kabine. Der Fahrer war dem Wetter ausgesetzt und konnte sich verletzen, wenn der Traktor umkippte. Die Traktoren waren laut und das Fahren war ermüdend. Heutige Traktoren haben schallgedämmte Kabinen mit bequemen Sitzen, vielen Knöpfen, Joysticks und Computermonitoren.

Alter Traktor

Keine Sicherheitskabine, die den Fahrer schützt.

Harter Sitz aus Metall

Moderner Traktor

GENAUER STANDORT

Das Global Positioning System (GPS) besteht aus einem Netzwerk von Satelliten, die um die Erde kreisen. Ein Empfänger am Traktor nimmt die Signale von mindestens drei GPS-Satelliten auf und berechnet daraus seinen genauen Standort.

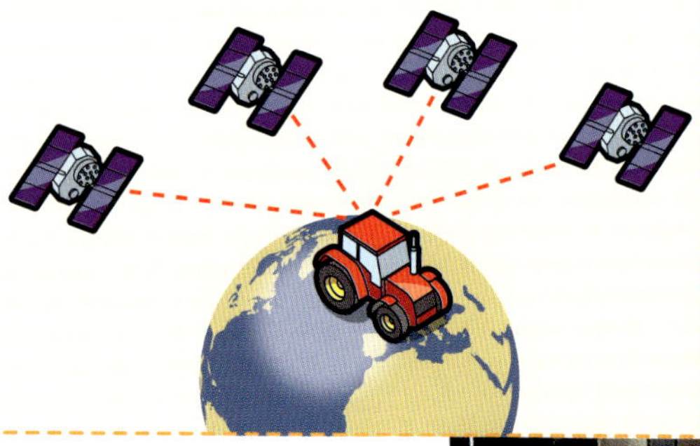

Satellitennavigation (GPS) hilft dem Bauern, die Größe eines Felds genau zu berechnen. So kann er die Verteilung von Samen, Dünger und Pflanzenschutzmitteln besser steuern.

AHA!

Die ersten Traktorkabinen dienten als Wetterschutz.

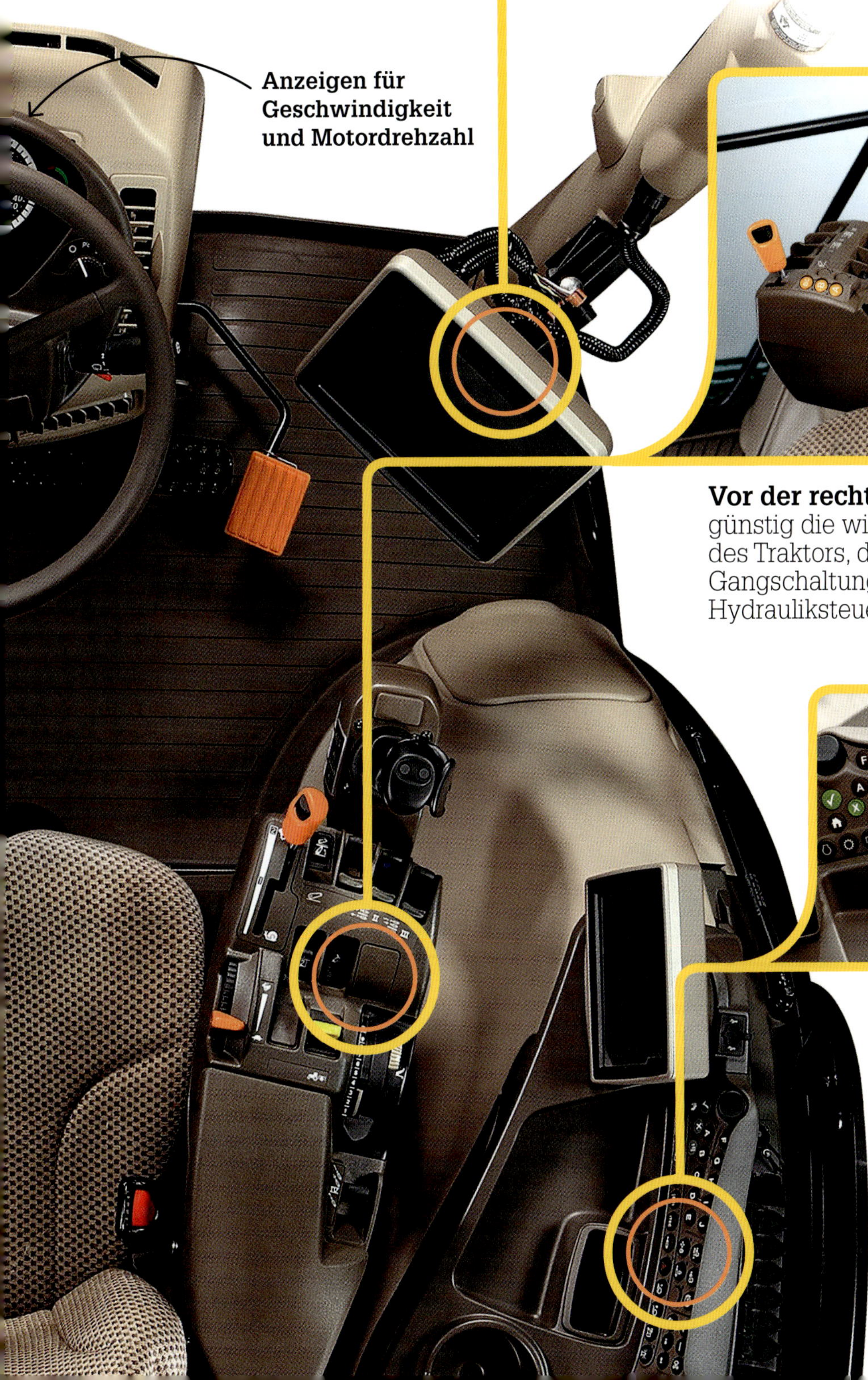

Anzeigen für Geschwindigkeit und Motordrehzahl

Vor der rechten Armlehne liegen griffgünstig die wichtigsten Bedienelemente des Traktors, darunter Handgashebel, Gangschaltung und die umfangreiche Hydrauliksteuerung.

Diese gut erreichbare Bedientafel enthält einige der komplexeren Bedienelemente, z. B. für die Luftfederung der Fahrerkabine, die Drehzahl der Zapfwelle und die Anbaugeräte des Traktors.

KUNSTSTÜCKE

Traktoren sind Arbeitsmaschinen, aber sie können auch Spaß machen. Viele Menschen besuchen Landwirtschaftsmessen und Oldtimerschauen. Dort kann man verschiedenste Traktoren sehen und mehr über seine Lieblingstypen erfahren.

Das Team der „Tanzenden Bagger“ beeindruckt die Zuschauer mit seinen JCB-Baggerladern.

„Tanzende“ Farmalls unterhalten die Zuschauer mit einer Vorführung, die viel Geschick und Genauigkeit erfordert.

Spazierfahrten machen großen Spaß. Manchmal sind Fahrer (und Traktoren) verkleidet, um Geld für wohltätige Zwecke zu sammeln.

Der Hydraulikzylinder bewegt den Ausleger.

Die geschickten Fahrer schaffen mit den Baggerladern erstaunliche Dinge.

Bei **Oldtimerveranstaltungen** stellen Sammler ihre gepflegten Prachtstücke aus und beantworten die Fragen der Besucher.

Das **Wettpflügen** wird international betrieben. Die Fahrer wetteifern in mehreren Klassen darum, die saubersten Furchen zu ziehen.

Castrol
CARRILLO
CLAAS
ADC
CAR
FLYNTH
TOLHOEK

VOLLE ZUGKRAFT GEFRAGT

Dieser kaum noch zu erkennende Traktor nimmt am „Traktor-Pulling“ teil, dem Motorsport mit den stärksten Antrieben. PS-Begeisterte und Ingenieure bauen diese verrückten Maschinen, die es sogar mit Düsentriebwerken gibt! Die Fahrer versuchen, einen schweren Schlitten auf einer 100-Meter-Strecke möglichst weit zu ziehen.

RESTAURIERUNG

Es gibt viele Fans, die klassische Traktoren sammeln. Sie setzen diese interessanten alten Maschinen wieder instand, reparieren oder ersetzen beschädigte Teile und lackieren den fertigen Traktor neu. Ein altes Wrack kann so zu neuem Leben erwachen.

LÄUFT NOCH

Manche Sammler lassen ihre Traktoren natürlich altern. Der unten gezeigte David Brown 25 wurde 1953 gebaut und seitdem nie restauriert. Der rote Lack ist nun zwar verblichen, aber die Mechanik wird gut gepflegt – der Traktor ist betriebsfähig. Dieser „Originalzustand" lässt sich erhalten, wenn man das Blech mit Öl oder Klarlack überzieht.

Vor der Restaurierung waren Lack und Reifen dieses Farmall H verschlissen, auch ein neuer Auspuff war nötig.

Nach der Restaurierung sah der Traktor von Riley Hanson wieder so aus wie 1953, als er neu war.

Dieser alte Case-Traktor mit Rissen in den Reifen und viel Schmutz und Rost war ein idealer Kandidat für eine gründliche Restaurierung.

Der Traktor wurde in den ursprünglichen Farben neu lackiert.

Neue Aufkleber müssen sorgfältig angebracht werden.

Ryan Haass gewann mit seinem Case-1070-Traktor beim großen Delo-Restaurierungswettbewerb in den USA 2012 den Hauptpreis.

Oft werden neue Reifen aufgezogen, weil die alten verschlissen sind.

Dieser hoch gebaute 1966er John Deere für den Pflanzenbau hatte viel mitgemacht und sein Lack war verblichen.

Die jungen Frauen aus Texas hatten viel Arbeit, bevor sie mit der tadellosen Restaurierung einen großen Wettbewerb gewannen.

SPIELZEUGE

An Traktormodellen erfreuen sich Menschen jeden Alters. Die meisten Nachbildungen sind als Spielzeuge gedacht, doch manche ältere Modelle sind sehr selten und damit auch wertvolle Sammlerstücke.

▲ OBENDRÜBER | um 1920

Wenn sein Uhrwerk aufgezogen war, konnte dieser Traktor aus New York (USA) Hindernisse überwinden.

Manche Modelle haben eine Fahrerfigur.

◀ AUFGEZOGEN | um 1960

Mit einem winzigen Schlüssel wird das Uhrwerk aufgezogen, das diesen Traktor antreibt. Er kann Anbaugeräte wie diese Scheibenegge ziehen.

Aufgemalter Kühlergrill

▶ MIT RÜCKWÄRTSGANG | 1967

Auch dieses Modell eines Zetor-Traktors aus der Zeit um 1940 muss aufgezogen werden. Es hat sogar drei Vorwärtsgänge und einen Rückwärtsgang.

▲ GEGOSSENER WINZLING | 1959

Dieser nach Originalunterlagen nachgebildete Fordson Major passt in eine Streichholzschachtel.

▶ FEDERMOTOR | 1916

Hier wird die Feder durch Zurückziehen gespannt. Beim Loslassen fährt der Traktor vorwärts.

Ältere Spielzeuge waren oft aus Blech.

▲ LERNSPIELZEUG | um 1950 bis 1960

Die bunten Plastikteile lassen sich zerlegen, um den Aufbau eines echten Traktors zu zeigen.

▲ „MIGHTY BULL" | um 1960

Dieser detaillierte kleine Blechtraktor mit Batterieantrieb stammt aus Japan. Wenn er wie sein Vorbild auf Raupenketten fährt, vibriert der Motor.

▲ TRICKREICH | um 1960

Dieser alte Traktor mit Batterieantrieb hat einen Plastikaufbau, Hinterräder aus Blech und eine Fahrerfigur.

KINDERTRAKTOREN

Einen Kindertraktor zu fahren macht Spaß! Bei manchen muss man treten, andere haben Batterieantrieb und sogar Gas- und Bremspedal wie richtige Traktoren. Auch wenn Kindertraktoren klein sind, ist es gut, einen Helm zu tragen, besonders bei schneller Fahrt auf hartem Untergrund.

▲ UHRWERKRAUPE | um 1960

An diesem deutschen Blechmodell mit Uhrwerk ist genau erkennbar, wie ein Kettenfahrwerk funktioniert.

AUF DEM BAUERNHOF

2

TRAKTOREN AUS ALLER WELT

Traktoren werden in vielen Ländern hergestellt und oft bauen die weniger bekannten Firmen die preisgünstigsten Maschinen. Beispielsweise kommen viele beliebte Kompakttraktoren aus China und Indien.

▶ INTERNATIONALER TYP

BELARUS 952

WEISSRUSSLAND **1995**

Das Minsker Traktorenwerk stellt etwa 8–10 % aller Radtraktoren der Welt her. Sie gelten als zuverlässig, einfach, robust und erschwinglich.

▲ AUS FRANKREICH

RENAULT ARES 710 RZ | FR **2009**

Manche Hersteller verwenden Teile von anderen Firmen. Dieser Traktor hat einen Sechszylindermotor von John Deere.

▼ ALLESKÖNNER

SONALIKA SOLIS-20 | INDIEN **2010**

Die kostengünstigen Kompakttraktoren aus Indien sind bei Hobby- und Kleinbauern sowie bei Gärtnern beliebt. Dieser Typ hat einen Mitsubishi-Dreizylindermotor mit 18,5 PS.

▲ KOSTENGÜNSTIG

YTO 180 | CHINA **2014**

Einer der billigsten Traktoren der Welt wird in China gebaut. Der YTO mit 18 PS ist ideal für kleine Unternehmen.

▼ KOMPAKTER ALLRAD

KUBOTA L 3200 | JAPAN **2012**

Der kleine Allradtraktor hat einen 31-PS-Motor und lässt sich mit einem Frontlader und einem hinteren Anbaubagger ausrüsten.

▶ KRAFTPAKET

ZETOR MAJOR 80

TSCHECHISCHE REPUBLIK **2013**

Zetor baut einfache, zuverlässige Traktoren. Dieses Modell mit Allradantrieb hat einen 80-PS-Motor.

LANDFRAUEN

Im Zweiten Weltkrieg fehlten in vielen Ländern Arbeitskräfte, weil die meisten Männer an der Front waren. Auf den Bauernhöfen mussten die Frauen viele Arbeiten übernehmen und lernen, wie man Maschinen bedient. Diese Frau pflügt in Großbritannien mit einem Fordson Modell N.

KRAFTWERK

Anfangs ersetzten Traktoren nur die Zugkraft der Pferde. Die heutigen Typen sind jedoch wesentlich komplexere Maschinen. Mit ihren starken Motoren können sie die verschiedensten Werkzeuge und Geräte antreiben.

ENERGIE
Ein Generator wandelt die mechanische Kraft des Motors in elektrischen Strom um.

Diese Nahaufnahme zeigt einen elektrischen Anschluss (rechts) und einen Anschluss für die Druckluftbremse (links). Sie dienen dazu, einen gezogenen Anhänger zu beleuchten und ihn gemeinsam mit dem Traktor zu bremsen.

Die Dreipunktkupplung besteht aus dem oberen Lenker (hier über der gelben Hitch-Kupplung zu sehen) und zwei hydraulisch betätigten unteren Lenkern, die das Anbaugerät heben und senken.

Von den Hydraulikanschlüssen führen Schläuche, die mit Flüssigkeit gefüllt sind, zu den Arbeitszylindern an Anbaugeräten und Anhängern.

Die Zapfwelle überträgt die Motorkraft zum Antrieb von Maschinen wie z. B. Ballenpressen. Da sich die Welle rasend schnell dreht, kann sie sehr gefährlich sein.

Die Hitch-Kupplung ist ein Haken, mit dem der Fahrer Anhänger und Anbaugeräte aufnehmen kann, ohne die Kabine zu verlassen.

PRÄRIEGIGANT

Um die weiten, offenen Prärien Nordamerikas für den Ackerbau vorzubereiten, benötigte man große und schwere Traktoren. Sie verbrauchten Unmengen von Kraftstoff und waren so hoch, dass die Arbeiter mit Leitern aufsteigen mussten.

Die Prärien waren riesige, weite Grasflächen, die noch nie jemand bebaut hatte. Mit Twin-City-Traktoren machten amerikanische Farmer daraus fruchtbares Ackerland.

Das Dach schützt den Motor vor Sonne und Regen.

Vordere Abdeckung über dem Kühler

Ganzstahlräder

Lenkgestänge zur Vorderachse

TWIN CITY 40-65

HERKUNFT USA
ERSTES BAUJAHR 1916
GEWICHT 10 750 kg
LEISTUNG Zughaken 40 PS (29 kW), Riemen 65 PS (48 kW)

ZWEI IN EINEM

Eine der wohl ungewöhnlichsten Traktorkonstruktionen dürfte der Doe Triple-D sein. Den ersten Doppeltraktor baute der britische Farmer George Pryor. Die Firma Ernest Doe & Sons verbesserte in seinem Auftrag die verrückt aussehende Idee: Sie fügte zwei Fordson-Major-Traktoren zusammen.

AHA!

Auf der Straße kann der Doe Triple-D mit nur einem Motor fahren, um Kraftstoff zu sparen.

Zum Bau eines Doe Triple-D werden von zwei Traktoren die Vorderräder und Achsen entfernt. Dann werden die Traktoren mit einem Knickgelenk verbunden.

Die stetig wachsenden Bauernhöfe erforderten ab etwa 1950 stärkere Traktoren. Der aus zwei Traktoren zusammengefügte Doe Triple-D war mit Allradantrieb doppelt so stark wie die meisten anderen Traktoren jener Zeit.

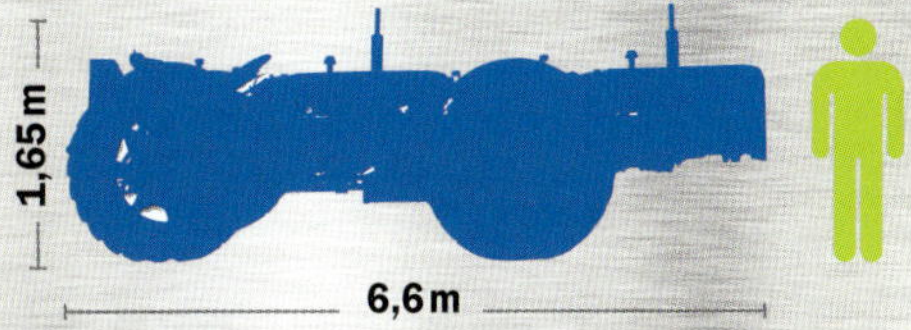

DOE DUAL DRIVE („TRIPLE-D“)

HERKUNFT Großbritannien
ERSTES BAUJAHR 1958
GEWICHT unbekannt
LEISTUNG 100 PS (74 kW)

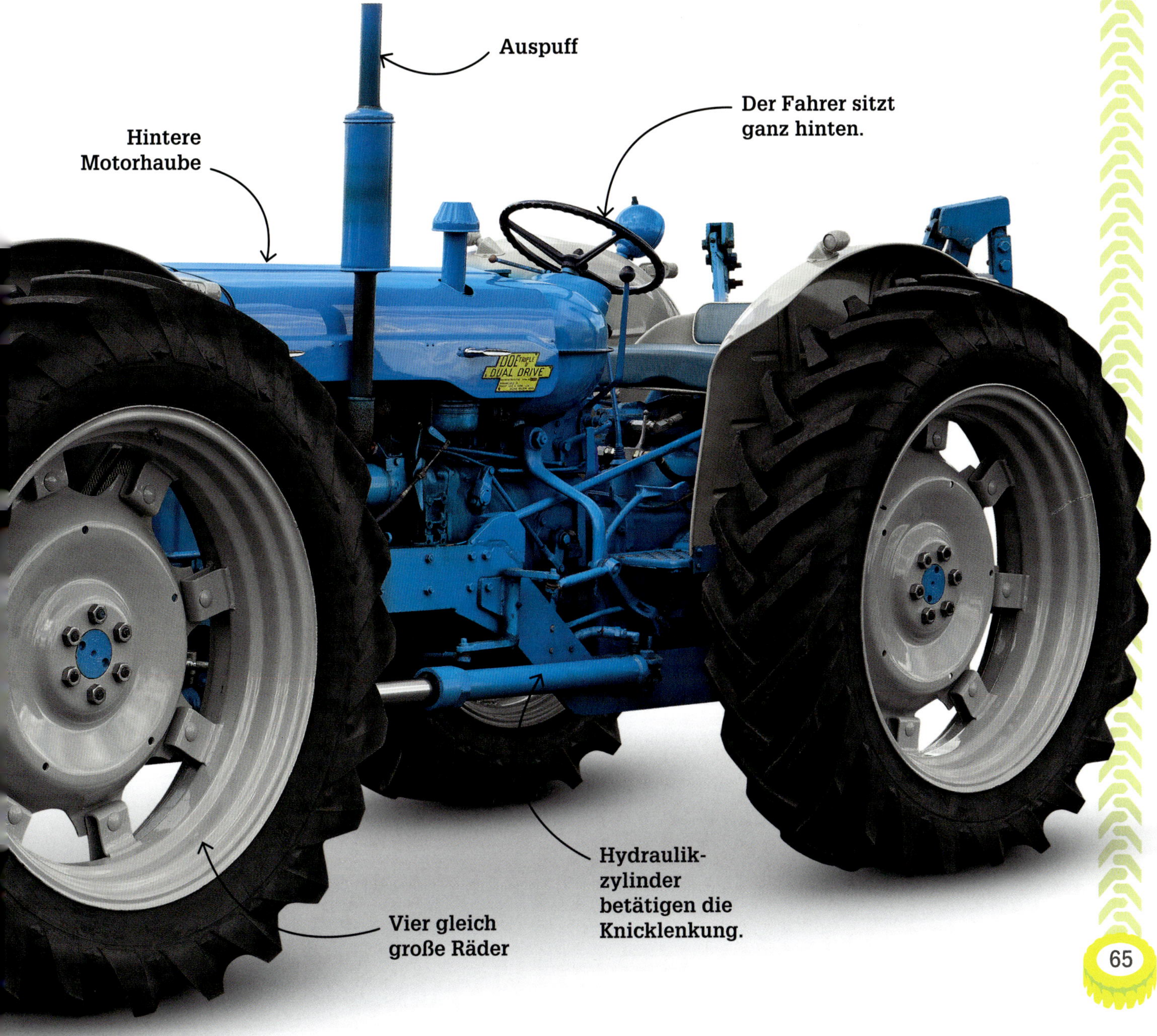

EXTRA GROSS

Platz da! Hier kommen die richtig großen Traktoren. Sie sollen besonders breite Pflüge und Grubber über weites Ackerland ziehen. Die meisten von ihnen sind jedoch zu schwer, zu groß und zu schwerfällig für die Arbeit mit empfindlichen Pflanzen oder auf kleinen Flächen.

Vier gleich große Räder

▲ GELENKIG

MASSEY FERGUSON 1200	USA 1972

Dieser Traktor mit Allradantrieb hat in der Mitte ein Knickgelenk. Anderenfalls würde ein so großer Traktor sehr viel Platz brauchen, um eine Kurve oder einen Kreis zu fahren.

▼ VIERACHSER

VERSATILE BIG ROY	KANADA 1977

Die Firma Versatile war für ihre großen Traktoren bekannt, sie baute aber nur einen einzigen „Big Roy". Er ist 6,7 m breit, hat einen 600-PS-Motor und steht heute in einem Museum in Manitoba (Kanada).

Der „Big Roy" wiegt enorme 26 Tonnen!

▼ DER GRÖSSTE

BIG BUD 16V 747 | USA **1978**

Nur ein Big Bud 747 wurde jemals gebaut. Er wurde als größter Traktor der Welt berühmt. Seine Reifen haben einen Durchmesser von 2,4 m.

Detroit-Diesel-motor mit 16 Zylindern

Der große Kühler enthält Flüssigkeit zum Kühlen des Motors.

◀ VIERKETTENANTRIEB

CASE IH STEIGER QUADTRAC

USA **1996**

Große Traktoren pressen den Boden stark zusammen und machen ihn unbrauchbar für den Anbau. Breite Ketten vermeiden das.

Dreieckiges Kettenfahrwerk

Allrad-antrieb

▶ STARKER RUSSE

KIROWEZ K 745

RUSSLAND **2002**

Diesen großen Traktor mit Knicklenkung baut das Kirow-Werk in St. Petersburg, das seit 1962 starke Hochleistungstraktoren herstellt.

Trittleiter zur Fahrerkabine

MONSTER-TRAKTOR

Seit etwa 1950 sind Traktoren immer größer geworden. Heute ziehen starke Modelle gewaltige Geräte mit Leichtigkeit, sodass Bauern große Felder schnell und wirkungsvoll bearbeiten können. Die Fahrerkabinen mit bequemen Sitzen, Steuerung auf Knopfdruck, Klimaanlage und Geräuschdämmung erleichtern dem Fahrer die Arbeit.

Antenne zum Empfang von Funksignalen

Große Spiegel bieten gute Sicht.

Zusätzliche Räder erhöhen die Bodenhaftung und damit die Zugkraft. Außerdem verhindern sie das Einsinken auf weichem Untergrund.

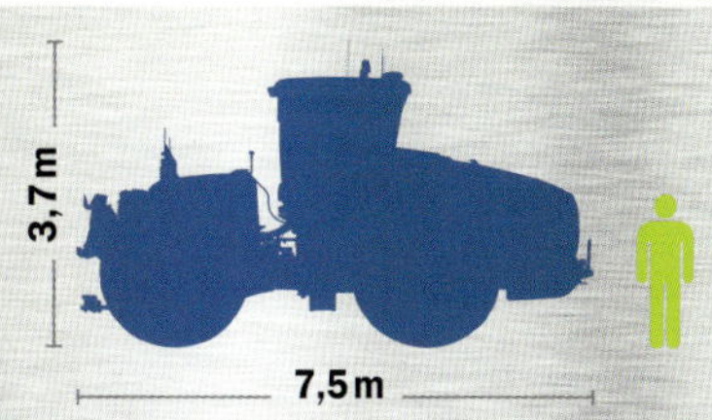

NEW HOLLAND T9.505

HERKUNFT USA
ERSTES BAUJAHR 2013
GEWICHT 22 450 kg
LEISTUNG 457 PS (336 kW)

„Königsbolzen“ halten die beiden Teile des Traktors zusammen.

Manche Traktoren haben eine Knicklenkung: Sie bestehen aus zwei Teilen, die in der Mitte durch ein Gelenk verbunden sind. Sie sind leicht zu lenken und lassen sich selbst auf kleinen Flächen wenden.

Für diese riesigen Traktoren musste man Hofeinfahrten verbreitern.

SLT 139
JOHN DEERE

GANZ SCHÖN ENG

Neben einem Riesen wie diesem John Deere 9400 würde ein Traktor aus der Zeit um 1940 wie ein Spielzeug aussehen. Aber Traktoren können nicht beliebig groß sein. Die meisten müssen auch auf der Straße fahren und manche der heutigen Monster passen kaum noch auf die engen Landstraßen.

IN REIHEN

Diese leichten und wendigen Traktoren sollen zwischen Pflanzenreihen arbeiten, ohne die Pflanzen dabei zu beschädigen. Der Fahrer muss die schmalen Räder so ausrichten, dass sie genau zwischen den empfindlichen Pflanzen rollen.

▲ DREIRADTRAKTOR

FARMALL F-12

USA **1932**

Diese kleinen, erschwinglichen Traktoren waren in den USA sehr beliebt. Die frühen Modelle waren wie dieses grau, spätere waren dann rot.

▼ VORREITER

OLIVER HART-PARR 70

USA **1935**

Mit seinem Sechszylinder-Benzinmotor und der ungewohnten Stromlinienform unterschied sich dieser Typ von anderen Traktoren seiner Zeit.

WENDEKREIS

Dreiradtraktoren haben an den Hinterrädern oft eine Einzelradbremse. Wenn der Fahrer ein Rad zum Stehen bringt, kann der Traktor fast auf der Stelle wenden. Damit ist er für die Arbeit auf engem Raum ideal geeignet.

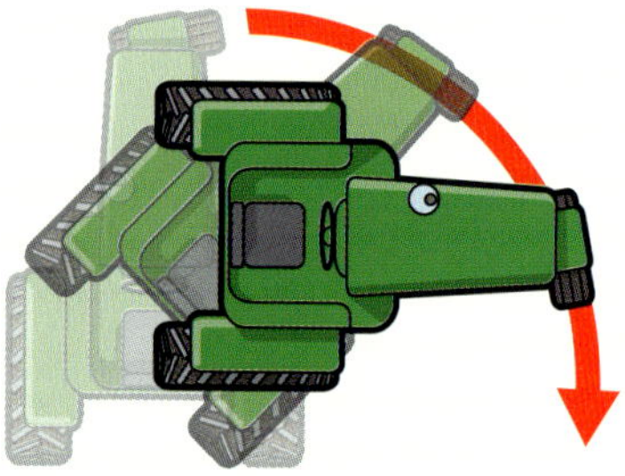

▶ KLEIN, ABER STARK

JOHN DEERE B

USA **1935**

Die beliebten kleinen Traktoren mit der grün-gelben Farbe haben Zweizylindermotoren. Die ungewöhnliche Lenkspindel verläuft über der Motorhaube.

▲ BAUSATZ

THIEMAN | USA **1936**

Diese als Bausatz ohne Motor verkauften Traktoren mussten die Bauern selbst zusammenbauen. Der Motor stammte meistens aus einem alten Auto oder Lastwagen.

◀ HOHES ROSS

FORD 951 HI-CROP

USA **1958**

Mit der vorderen „Portalachse" ist dieser Traktor sehr hoch gebaut. Damit drückt er auch wachsende Pflanzen nicht nieder, wenn er über sie hinwegfährt.

▶ MIT ANLASSER

MASSEY-HARRIS 101 JUNIOR

USA **1939**

Frühe Traktoren startete man meist durch Drehen einer Kurbel oder Riemenscheibe. Der 101 war einer der Ersten mit elektrischem Anlasser.

EIN JAHR AUF DEM FELD

Traktoren sind meist das ganze Jahr über im Einsatz: im Getreideanbau zunächst zum Pflügen und Vorbereiten des Bodens, dann zum Säen und zur Pflege der Pflanzen. Mit der Ernte kommt die arbeitsreichste Zeit des Jahres.

Der ausgebrachte Samen wird von der fahrenden Maschine mit Erde bedeckt.

Bei der Ernte arbeiten Traktoren oft Tag und Nacht.

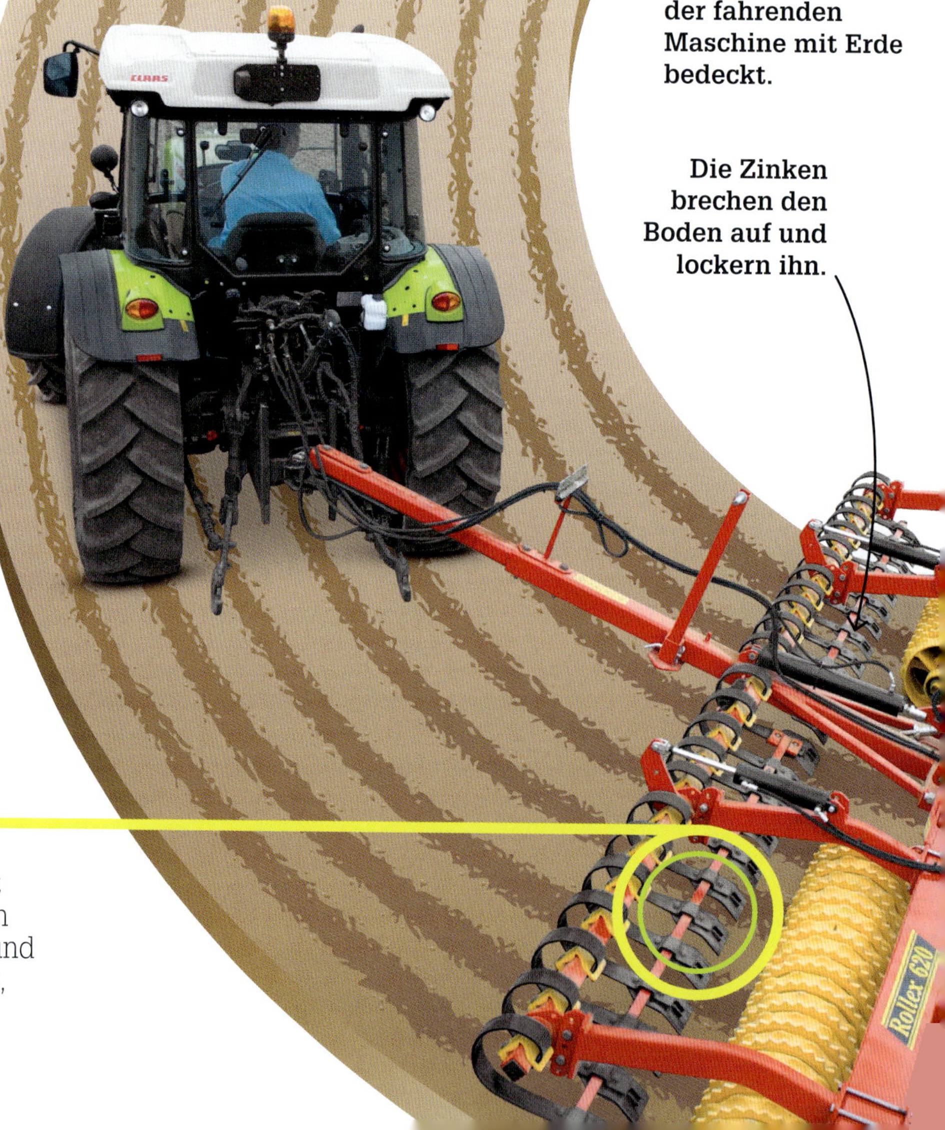

Die Zinken brechen den Boden auf und lockern ihn.

1. PFLÜGEN UND KULTIVIEREN

Bei der Vorbereitung des Bodens für den Pflanzenanbau bearbeitet der Traktor ihn mit verschiedenen Geräten. Mit Pflügen, Grubbern und Eggen wird der Boden gewendet, gelockert und geebnet.

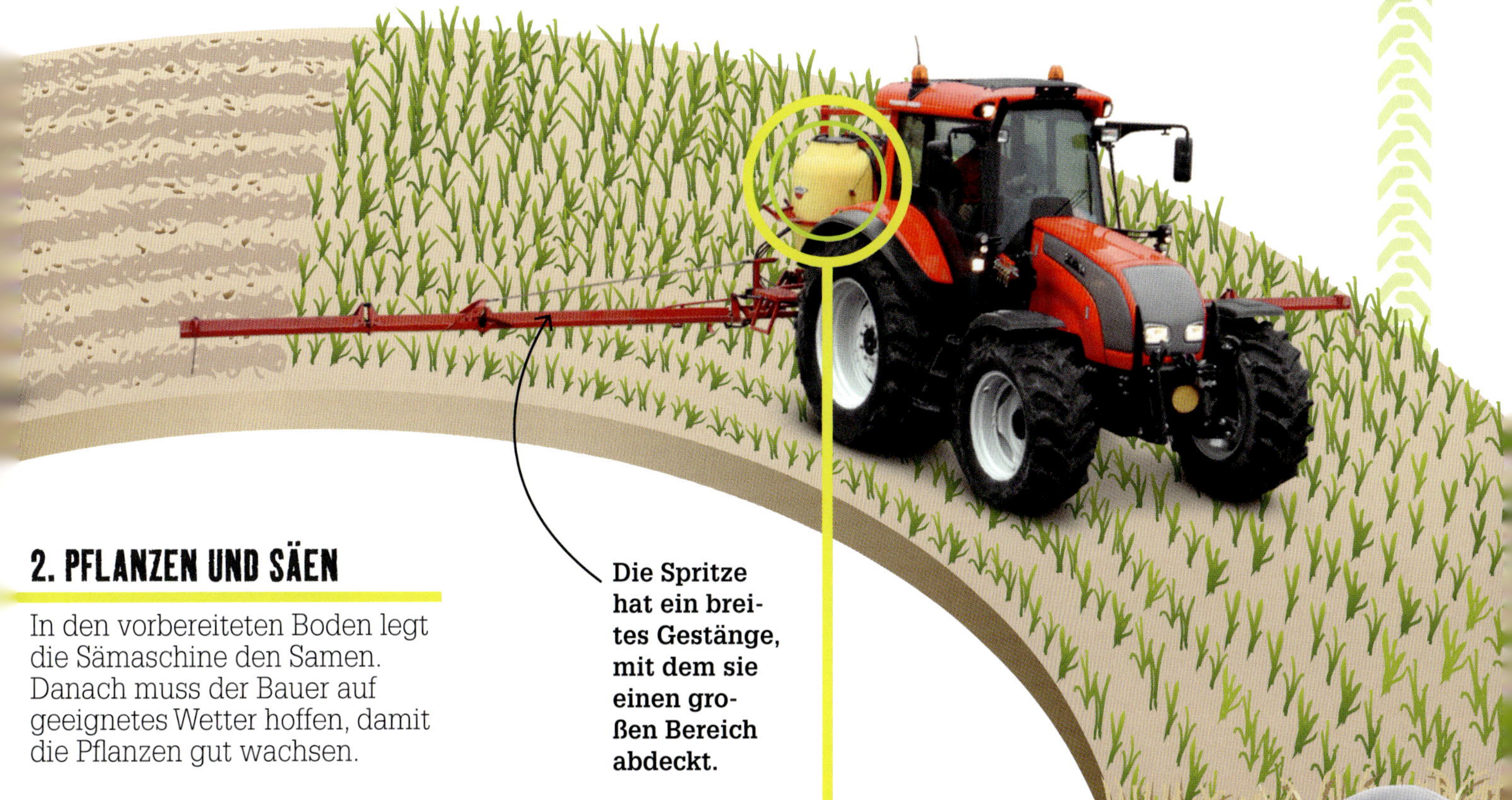

2. PFLANZEN UND SÄEN

In den vorbereiteten Boden legt die Sämaschine den Samen. Danach muss der Bauer auf geeignetes Wetter hoffen, damit die Pflanzen gut wachsen.

Die Spritze hat ein breites Gestänge, mit dem sie einen großen Bereich abdeckt.

3. PFLANZENSCHUTZ

Um die wachsenden Pflanzen vor Unkraut, Schädlingen und Krankheiten zu schützen, spritzen viele Bauern Pflanzenschutzmittel. Die Spritzen fahren selbst oder sind wie hier am Traktor angebaut.

4. ERNTEZEIT

Ist das Korn reif, wird es bei trockenem Wetter geerntet. Große Mähdrescher schneiden und dreschen die Halme. Das Korn wird dann in großen, von Traktoren gezogenen Anhängern zum Bauernhof oder zur Sammelstelle gebracht.

Korntankauslaufrohr

Der Anhänger bringt das Korn zur Sammelstelle.

PFLÜGEN

Große, moderne Pflüge sind schwere Geräte, die den Boden aufbrechen und wenden. Sie werden von starken Traktoren gezogen. Die Scharen vergraben Unkräuter, lockern die Erde und schaffen Furchen zum Säen oder Pflanzen. Die meisten Pflüge haben mehrere Scharen.

Im Frühjahr werden die Felder gepflügt. Danach werden Samen ausgebracht oder Setzlinge gepflanzt.

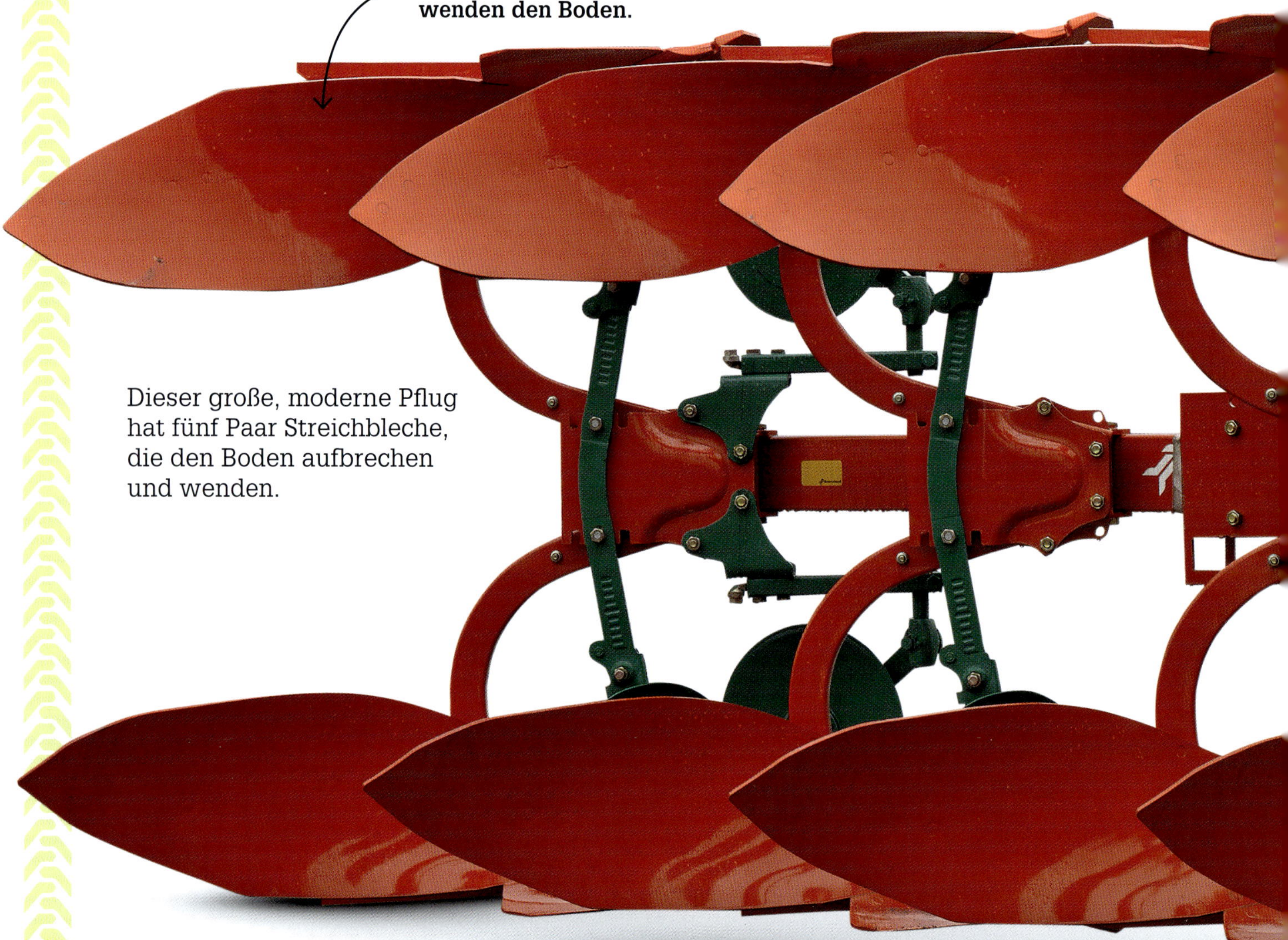

Dieser große, moderne Pflug hat fünf Paar Streichbleche, die den Boden aufbrechen und wenden.

DREHPFLUG

Ein Drehpflug hat einander gegenüberliegende Scharenpaare. Wenn der Traktor beim Pflügen den Feldrand erreicht, dreht der Fahrer beim Wenden gleichzeitig den Pflug um. Pflüge mit nur einem Satz Scharen könnten nur in eine Richtung pflügen, der Traktor müsste also für die nächste Reihe um das ganze Feld herumfahren.

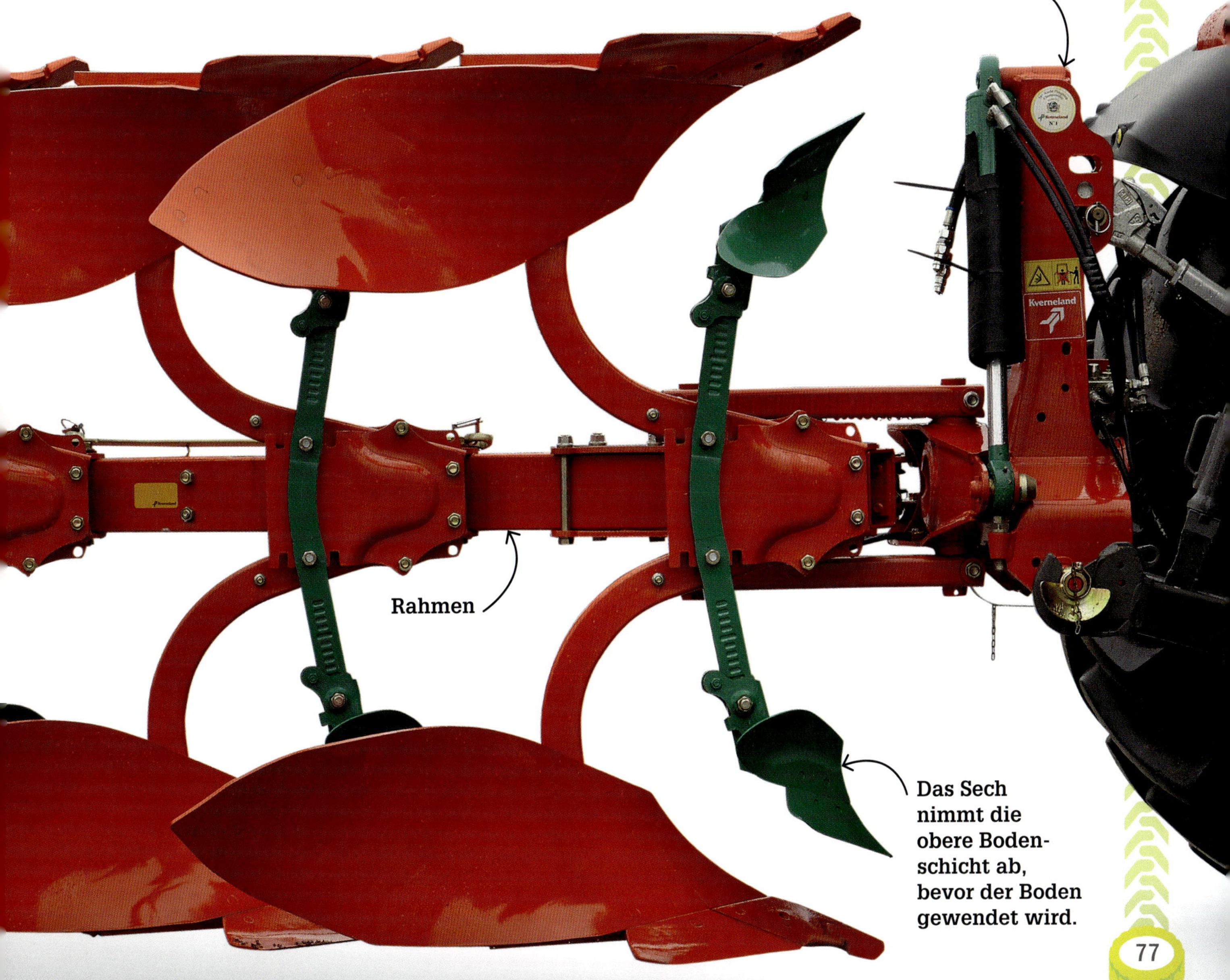

ARBEIT AUF DEM ACKER

Selbst mit Hochleistungstraktoren, mehrscharigen Pflügen und modernen Grubbern haben Bauern und Traktorfahrer oft sehr lange Arbeitstage. Wenn besonders viel zu tun ist, schalten sie in der Abenddämmerung das Licht ein, denn dann können sie auch in der Nacht arbeiten.

VALTRA

BODENBEARBEITUNG

Beim Pflügen wird der Boden einfach gewendet. Um ihn für die Saat vorzubereiten, muss der Bauer den Boden anschließend noch in die feinere Ackerkrume zerkleinern. Dafür gibt es eine Reihe von Geräten.

▲ SCHOLLENBRECHER

MASCHIO-KREISELEGGE

ITALIEN

Die Zapfwelle des Traktors treibt die Egge an. Die sich drehenden Zinken der Egge zerbrechen die großen Erdklumpen zu einem feinkrümeligen Saatbett.

▲ SCHWERE WALZE

VÄDERSTAD ROLLEX | SCHWEDEN

Mit Walzen zerkleinert man Erdklumpen, verdichtet den Boden und ebnet ihn ein.

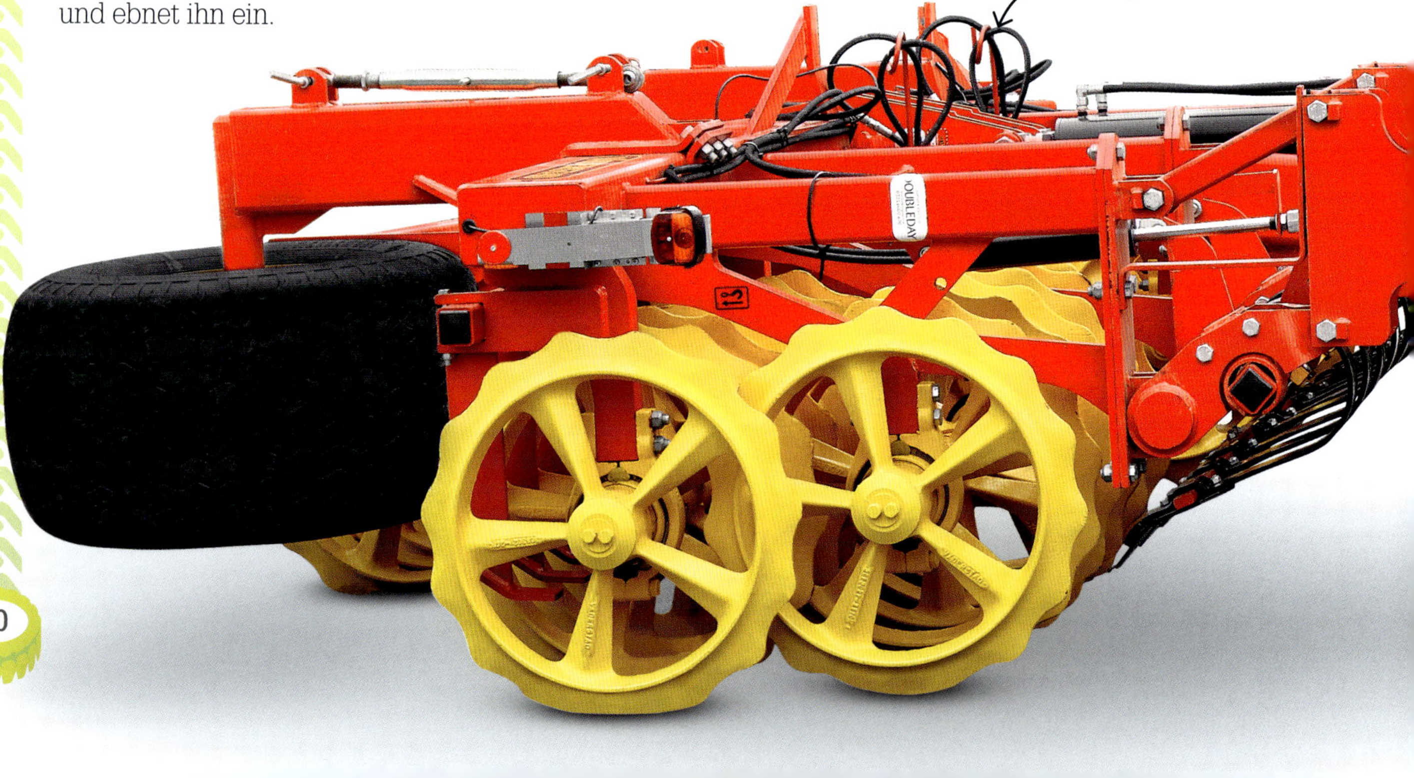

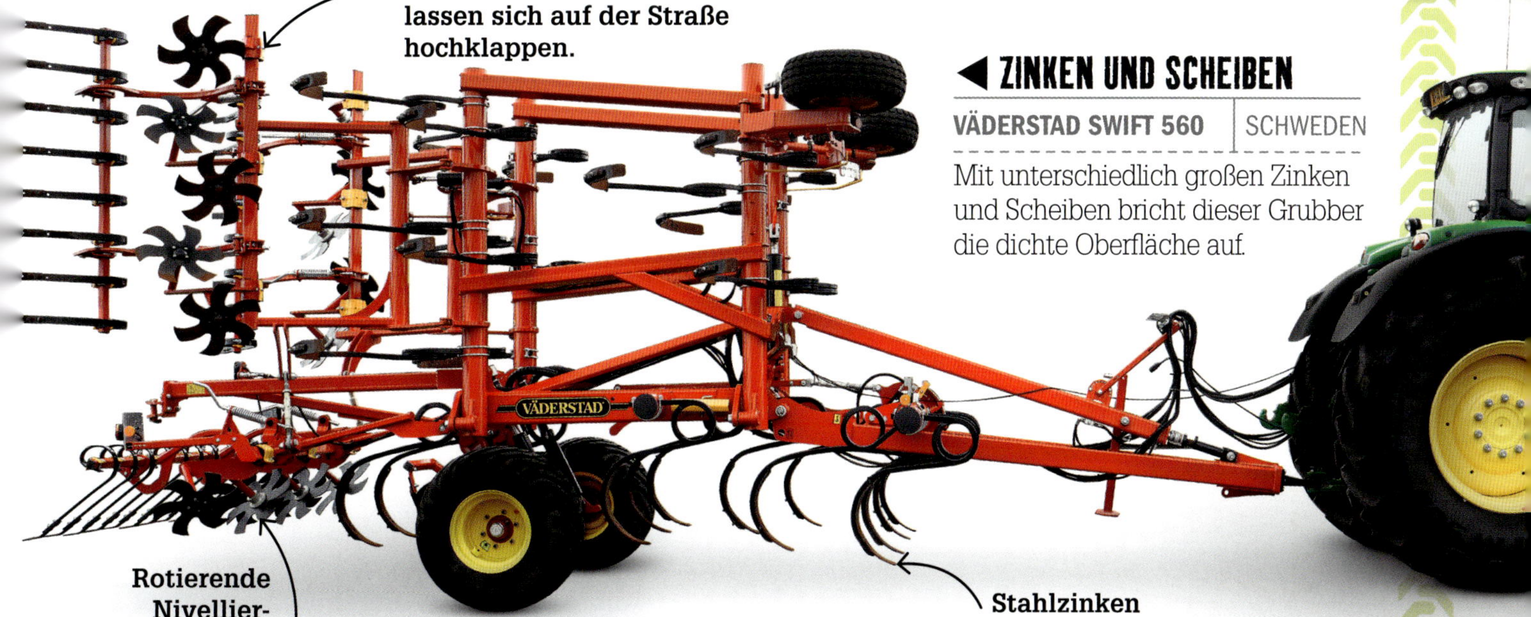

◀ ZINKEN UND SCHEIBEN

VÄDERSTAD SWIFT 560 | SCHWEDEN

Mit unterschiedlich großen Zinken und Scheiben bricht dieser Grubber die dichte Oberfläche auf.

◀ SCHEIBENEGGE

SIMBA X-PRESS | GB

Die große Scheibenegge bricht und lockert den Boden und zerkleinert dabei unerwünschtes Unkraut und Pflanzenreste.

◀ DOPPELROLLE

VÄDERSTAD REXIUS TWIN 450 | SCHWEDEN

Dieser Grubber reißt den Boden mit Zinken auf und zerkleinert die restlichen Klumpen mit Stahlwalzen.

SÄEN

Aus Samen entstehen Pflanzen, die zu Nahrungsmitteln, Medikamenten, Kleidung und sogar Kraftstoff verarbeitet werden. Viel schneller als ein Mensch kann eine Sämaschine Samenkörner in den Boden bringen. Einfache Sämaschinen gab es bereits vor über 4000 Jahren in Mesopotamien (dem heutigen Irak). Heute sind sie sehr komplexe Landmaschinen.

Mit einer modernen Drillmaschine können Bauern Saat auf großen Flächen schnell und wirtschaftlich ausbringen.

Die Drillmaschine setzte sich weltweit erst durch, nachdem der Brite Jethro Tull 1701 eine Ausführung verbessert hatte, die von Pferden gezogen wurde. Tulls Erfindung führte zur Entwicklung der modernen Landwirtschaft mit ihren spezialisierten Geräten.

SO WIRD GESÄT

Wenn sich die Drillmaschine bewegt, schlitzen die Säscheiben Rillen in den Boden. Die Samenkörner gelangen aus dem Kasten durch Rohre in diese Rillen. Dahinter harken Striegel den Boden wieder über die Rillen mit der Saat. Manche Sämaschinen verteilen gleichzeitig Dünger.

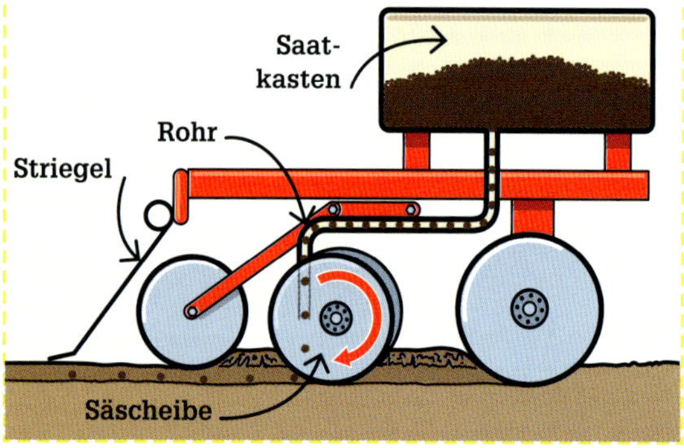

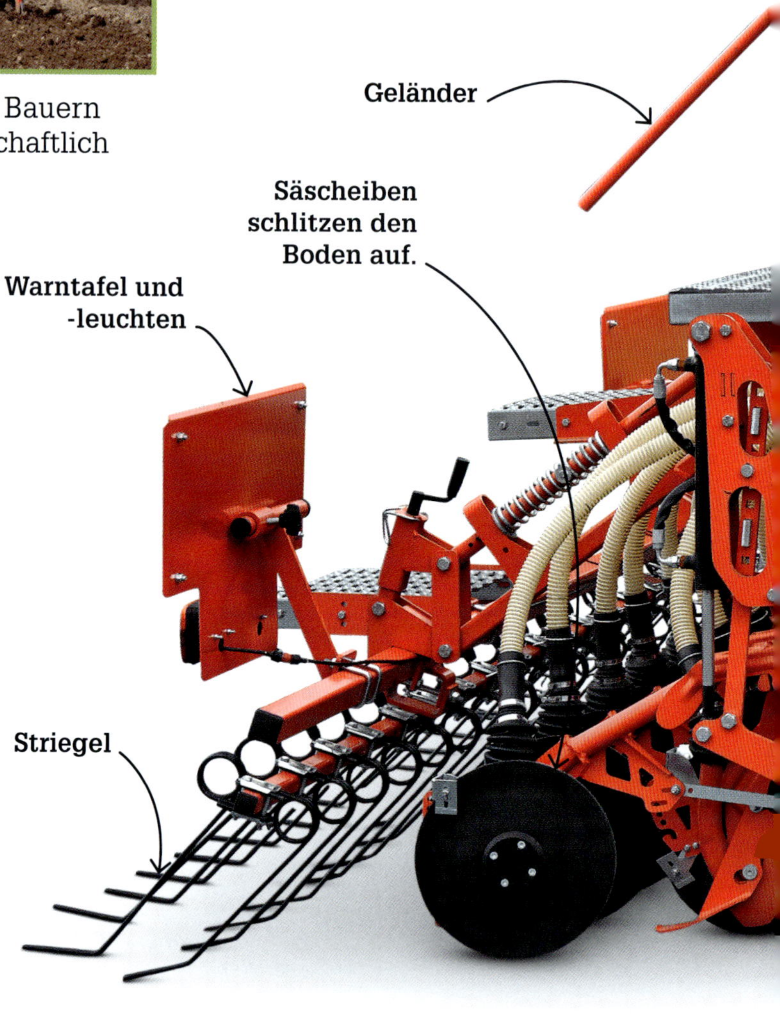

AHA!

Viele moderne Geräte befördern den Samen mit Druckluft durch die Rohre in den Boden.

SPRITZEN UND STREUEN

Gesunde Erde bringt gesunde Pflanzen hervor. Um richtig wachsen zu können, brauchen Pflanzen Nährstoffe sowie Schutz vor Schädlingen, Krankheiten und Unkraut. Zur Versorgung und zum Schutz der Pflanzen gibt es spezielle Maschinen und Geräte.

▲ DÜNGERSTREUER

AMAZONE PROFIS HYDRO	DEUTSCHLAND

Mineraldünger besteht aus Körnchen, die Stickstoff, Phosphor und Kalium enthalten. Der Streuer verteilt sie gleichmäßig über den Acker.

▲ GÜLLEFASS

JOSKIN MODULO2	BELGIEN

Vom hinteren Ende dieses Tankwagens aus wird flüssige Gülle (Kot und Urin von Tieren) als Dünger auf das Feld gesprüht.

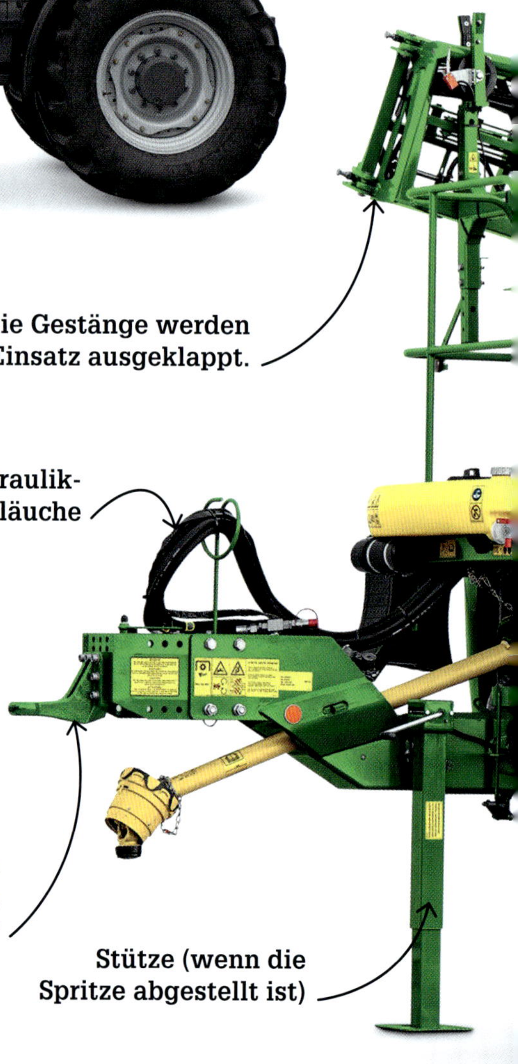

Hier wird der Mist herausgeschleudert.

◀ NAHRUNG FÜR DEN BODEN

ROTIERENDER MISTSTREUER | GB

Mist stinkt zwar, ist aber auch ein natürlicher Dünger. In diesem ungewöhnlichen Miststreuer drehen sich Flegel und befördern den Mist seitlich hinaus.

▶ MISTSTREUER

TEAGLE TITAN 10 | GROSSBRITANNIEN (GB)

Dieser Miststreuer des britischen Herstellers Teagle hat den üblichen Heckauswurf für den Mist.

Der Mist kann mit einem Frontlader eingefüllt werden.

Die Zapfwelle treibt den Miststreuer an.

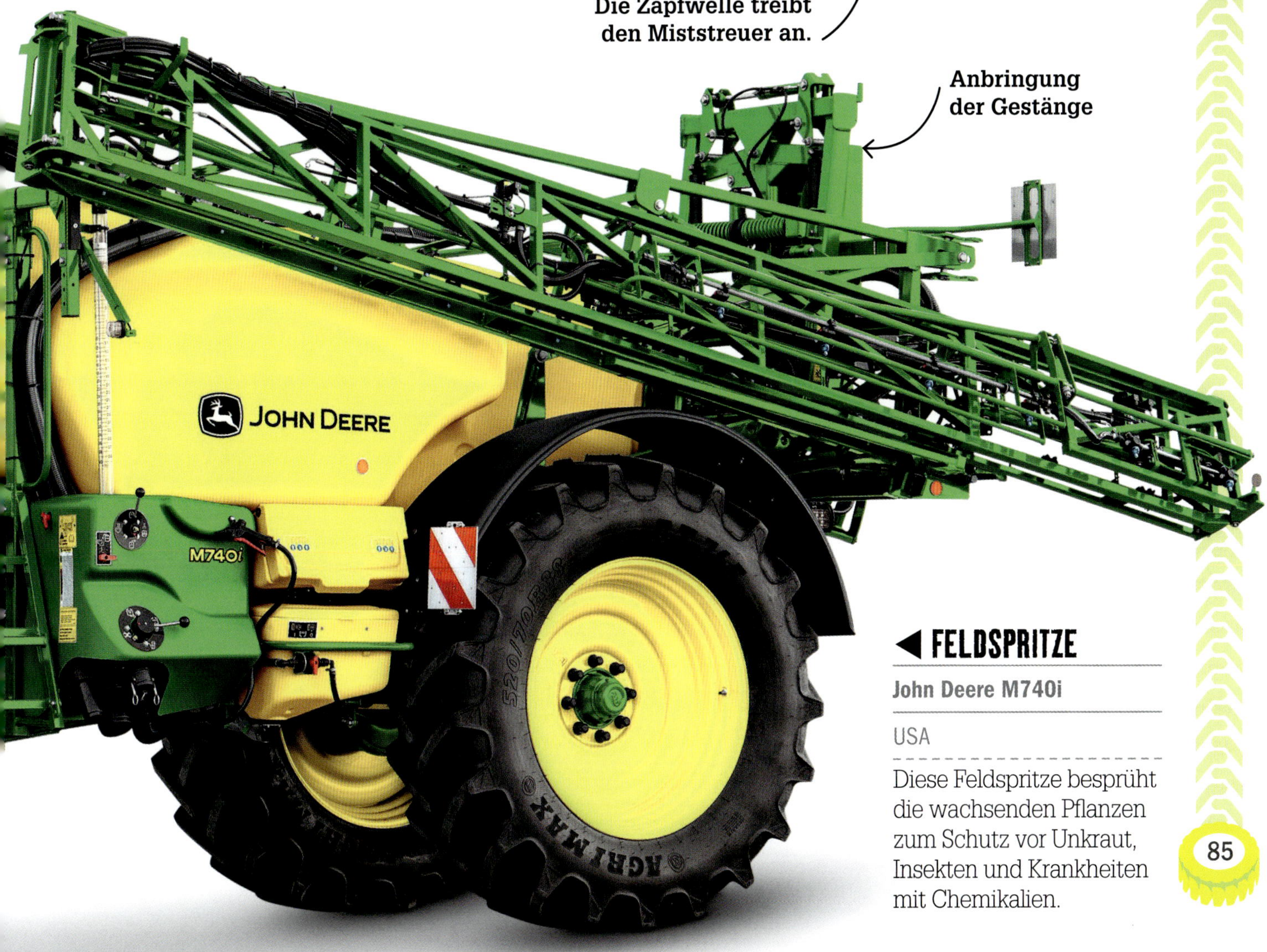

Anbringung der Gestänge

◀ FELDSPRITZE

John Deere M740i

USA

Diese Feldspritze besprüht die wachsenden Pflanzen zum Schutz vor Unkraut, Insekten und Krankheiten mit Chemikalien.

PFLANZENSCHUTZ

Wenn Insekten oder Krankheiten die wachsenden Pflanzen zerstören, verliert ein Bauer seine Ernte und viel Geld. Um dies zu verhindern, besprühen Bauern ihre Felder oft mit Mitteln zur Unkraut- und Schädlingsbekämpfung und zum Pflanzenschutz.

Klappbares Gestänge

Manchmal müssen Bauern mit Unkrautvertilgungsmitteln Unkraut bekämpfen, das zwischen wertvollen Nutzpflanzen wächst und diese sonst verdrängen würde.

Flüssigkeit wird in Schläuchen an den Gestängen auf beiden Seiten der Feldspritze entlanggeleitet und auf die Pflanzen gesprüht. Lange Gestänge können eine große Fläche abdecken.

John Deere 5430i

HERKUNFT USA
ERSTES BAUJAHR 2008
GEWICHT 11 500 kg
LEISTUNG 215 PS (158 kW)

Kleinere Feldspritzen werden an Traktoren angebracht oder von ihnen gezogen. Spezialmaschinen wie diese hoch gebaute Selbstfahrspritze können Felder schnell, wirtschaftlich und sicher besprühen.

BUNTE ERNTE

Aus Lavendel werden keine Nahrungsmittel, sondern Parfüms und Kosmetik gemacht. Große Felder werden mit speziellen Maschinen abgeerntet. Der Ernter schneidet die Pflanzen bogenförmig ab und befördert die Blüten in den Anhänger. Dieser alte John-Deere-Traktor passt mit seiner Breite und Bodenfreiheit ideal in die Pflanzenreihen.

GRÜNLAND-WIRTSCHAFT

Gras ist das wichtigste Futter für Rinder, Schafe und Pferde. Im Sommer wächst es rasch, wird gemäht und für den Winter eingelagert. Silage ist Gras, das noch feucht eingelagert wird. Das trockene Heu wird zu Ballen gepresst.

▲ MÄHMASCHINE

MASSEY FERGUSON 146F | USA

Wenn das Gras lang genug ist, wird es gemäht und Silage oder Heu daraus gemacht. Dieser Frontanbaumäher schneidet das Gras bodennah ab.

▲ SCHWADER

MASSEY FERGUSON RK3875 | USA

Diese Maschine wird auf dem Feld auseinandergeklappt. Sie legt das Heu in saubere Reihen, die die Ballenpresse aufnehmen kann.

AHA!
Früher schichtete man Heuhaufen mit der Heugabel von Hand auf.

▶ GRÜNFUTTER

MASSEY-FERGUSON-FELDHÄCKSLER

USA

Diese Maschine bläst das geschnittene Gras in den Anhänger, der es zum Silo bringt, wo es als Winterfutter für Rinder gelagert wird.

Gras wird durch das Rohr in den Behälter geblasen.

Anhänger

Der Auspuff weist von der Fahrerkabine weg.

◀ SCHWADMÄHER

JOHN-DEERE-W260-KREISELSCHWADER

USA **2013**

Diese selbstfahrende Maschine schneidet Gras und legt es in Reihen („Schwaden") für die Ballenpresse ab.

Motor und Kühlsystem liegen hinter der Fahrerkabine.

Klappt herunter, um Ballen abzulegen.

Knoter im Inneren verschnüren die Ballen.

▶ QUADERBALLENPRESSE

MASSEY FERGUSON 1839 | USA

Diese traktorgezogene Presse nimmt Heu auf und presst es zu gut stapelbaren, quaderförmigen Ballen.

RUNDBALLENPRESSE

Früher wurde Heu in losen Haufen gelagert. Heute pressen Maschinen das Heu zu Ballen. Diese dicht gepackten Ballen benötigen weniger Platz als loses Heu und lassen sich mit einem Traktor mit Frontlader stapeln.

Diese Rundballenpresse umwickelt den fertigen Heuballen fest mit Schnur oder einem Netz. Wenn Ballen mit Plastikfolie umwickelt werden, können sie sogar im Freien gelagert werden.

SO WIRD GEPRESST

Die Aufnahmewelle und ein Rotor befördern das Heu in die Presskammer. Breite Endlosbänder und Rollen wickeln das Heu auf und verdichten es zu einer Walzenform.

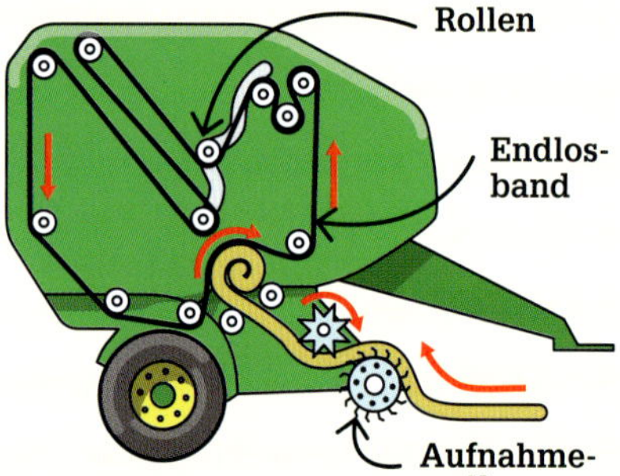

Schritt 1: Die Aufnahmewelle hebt das Heu in die Maschine.

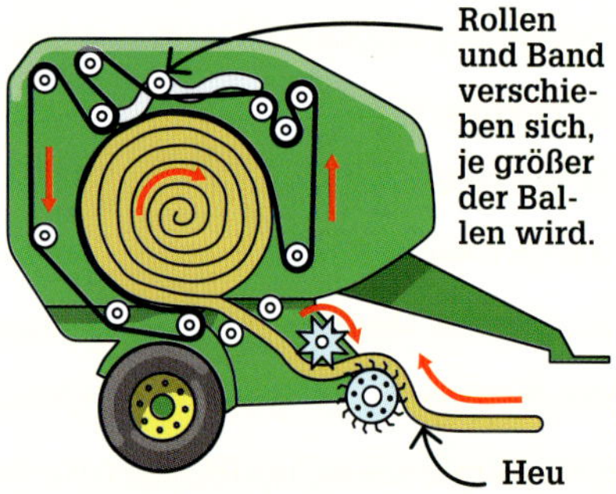

Schritt 2: In der Presskammer wird das Heu zu einem dichten Ballen gewickelt.

Wenn der Ballen seine volle Größe erreicht hat, wird er fest verschnürt und über die Heckklappe ausgestoßen. An einem Hang muss man darauf achten, dass die Ballen nicht wegrollen.

Heu ist getrocknetes Gras. Im Winter, wenn frisches Gras knapp ist, kann man Heu an Rinder, Schafe und Pferde verfüttern.

MÄH-DRESCHER

Aus Getreide werden Brot, Nudeln und Müsli als Nahrung für viele Menschen hergestellt. Früher erforderte die Ernte viel Zeit und viele Arbeiter. Heute erledigen mächtige Mähdrescher die Arbeit mehrerer Maschinen und ernten riesige Felder schnell und wirtschaftlich ab.

Das gedroschene Korn wird im Korntank gesammelt. Der volle Tank wird über ein Rohr in einen nebenherfahrenden Anhänger entleert.

Die Halme werden bodennah abgeschnitten und von der Schnecke in die Maschine gezogen, die die essbaren Körner vom Stroh trennt.

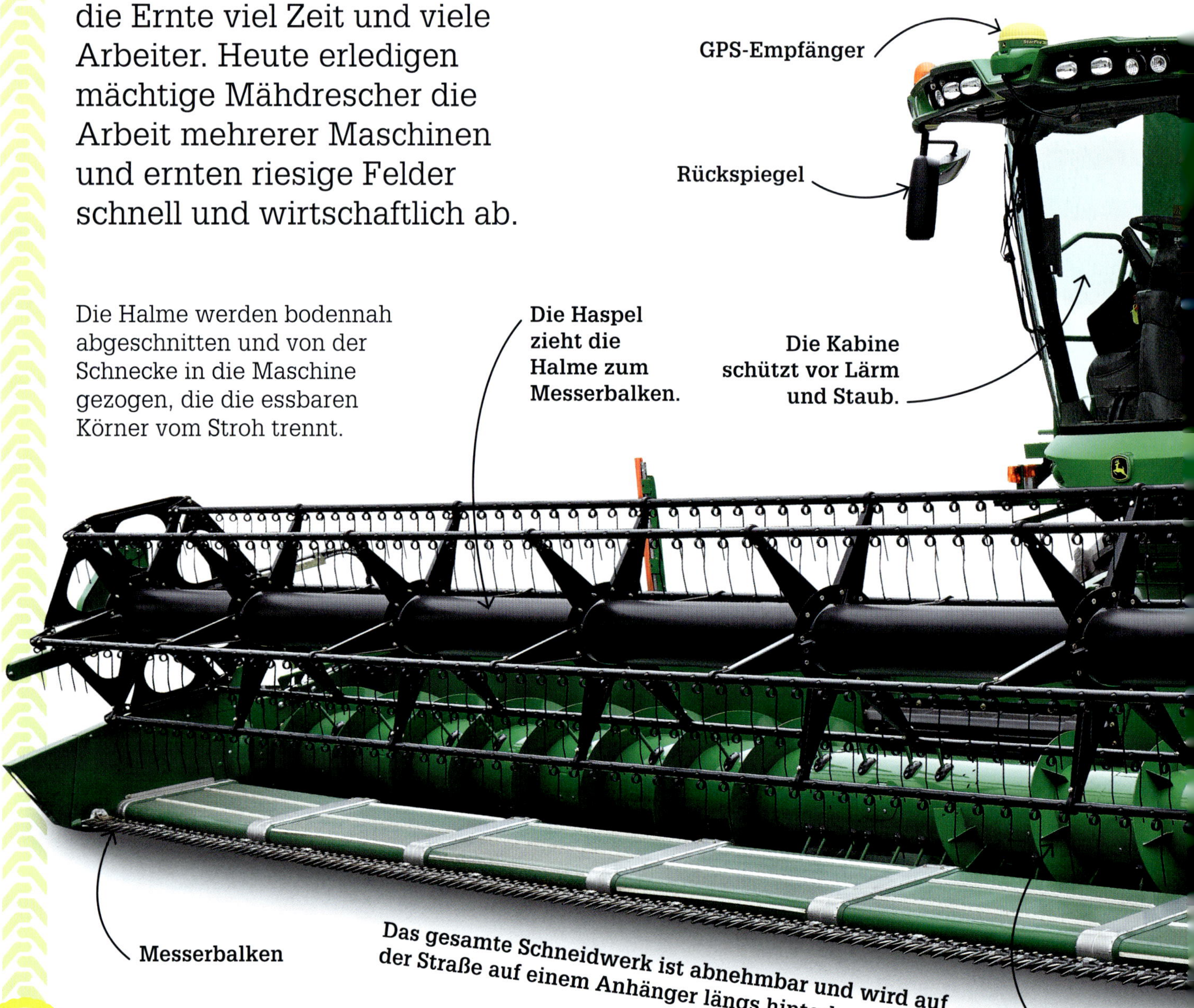

Das gesamte Schneidwerk ist abnehmbar und wird auf der Straße auf einem Anhänger längs hinterhergezogen.

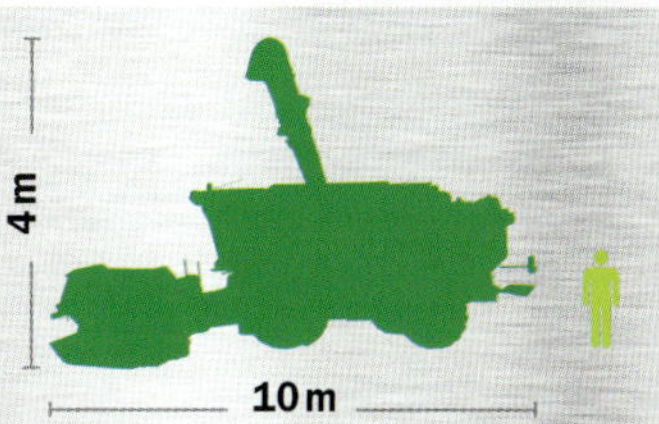

JOHN DEERE S690

HERKUNFT USA

ERSTES BAUJAHR 2013

GEWICHT 15 800 kg

LEISTUNG 530 PS (390 kW)

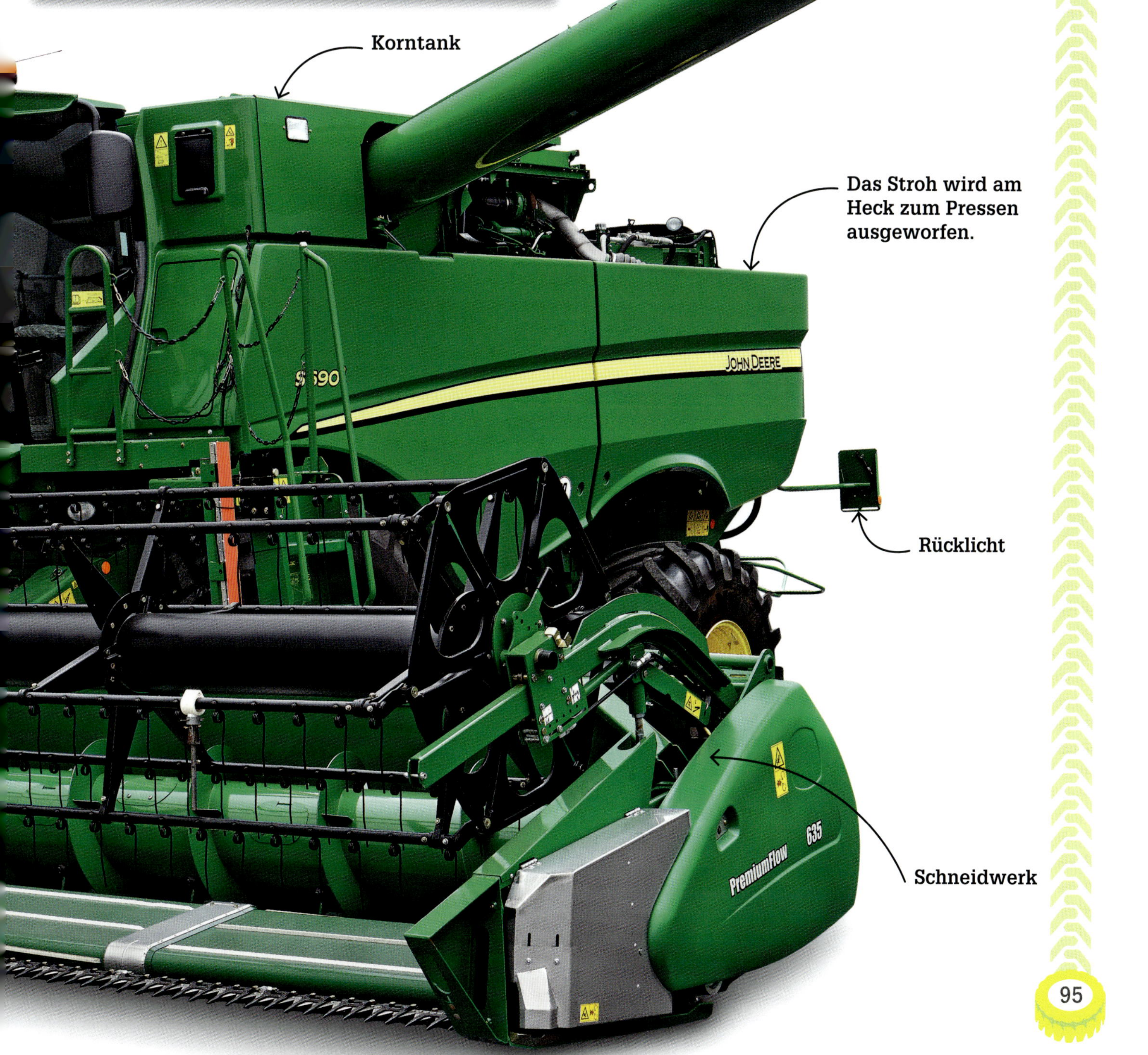

GETREIDEERNTE

Die größte Maschine auf dem Bauernhof ist der Mähdrescher, der mit dem extrem breiten Schneidwerk und starken Motor jeden Tag Hunderte Tonnen Getreide ernten kann. Mit solchen technischen Meisterwerken können Bauern heute mehr Nahrungsmittel erzeugen als je zuvor.

KÜRBISERNTER

Nicht alle Traktoren entstehen in großen Serien. Manche werden auch genau für die Anforderungen einzelner Bauern gebaut – wie dieser Kürbisernter. Geschickte Konstrukteure bauen aus Motoren, Getrieben und Achsen anderer Traktoren sowie aus eigenen Baugruppen neue Spezialfahrzeuge.

AHA!

Dieser eindrucksvolle Ernter kann 3 Mio. Kürbisse in nur 3 Wochen verarbeiten.

Dieses Fahrzeug ist eine mobile Pack- und Wascheinheit. Es kann im sogenannten Kriechgang langsam über das Feld fahren – in der Geschwindigkeit, in der die Pflücker die reifen Kürbisse einsammeln.

Starke Scheinwerfer ermöglichen die Arbeit bei Dunkelheit.

Die große, gebogene Windschutzscheibe bietet dem Fahrer gute Sicht.

Das Schrägförderband mit Querrippen befördert die Kürbisse in den Sammelbehälter.

Hohe Seiten verhindern, dass die Kürbisse vom Förderband fallen.

Die gepflückten Kürbisse werden vorsichtig auf das Förderband gelegt.

Aus Kürbissen kann man Halloween-Laternen schnitzen.

KÜRBISERNTER (SPEZIALANFERTIGUNG)

HERKUNFT Großbritannien
ERSTES BAUJAHR 2006
GEWICHT 24 000 kg
LEISTUNG 200 PS (147 kW)

Sammel- und Waschtank

Wassertank zum Waschen der Kürbisse

Arbeiter stehen am Heck und nehmen gewaschene Kürbisse vom Förderband.

Die Kürbisse werden in Gitterkisten gepackt, die ein anderer Traktor anhebt und zu den Lastwagen bringt.

Breite Reifen verhindern das Einsinken in weichem Boden.

RÜBENRODER

Aus den dicken weißen Wurzeln der Zuckerrübe wird ein Großteil des Zuckers gewonnen, der in Europa verbraucht wird. Millionen Tonnen dieser Wurzeln werden jedes Jahr von riesigen Maschinen geerntet, die für genau diese Aufgabe entwickelt wurden.

AHA!
Videobildschirme in der Kabine zeigen dem Fahrer, was in allen Teilen der Maschine geschieht.

Wie eine mobile Fabrik bewegt sich der „Zuckerrübenvollernter“ über das Feld und köpft, hebt, siebt und reinigt die wertvollen Rüben. Bis zu 22 t Rüben kann die Maschine in ihrem großen „Bunker“ lagern, bevor er entleert werden muss.

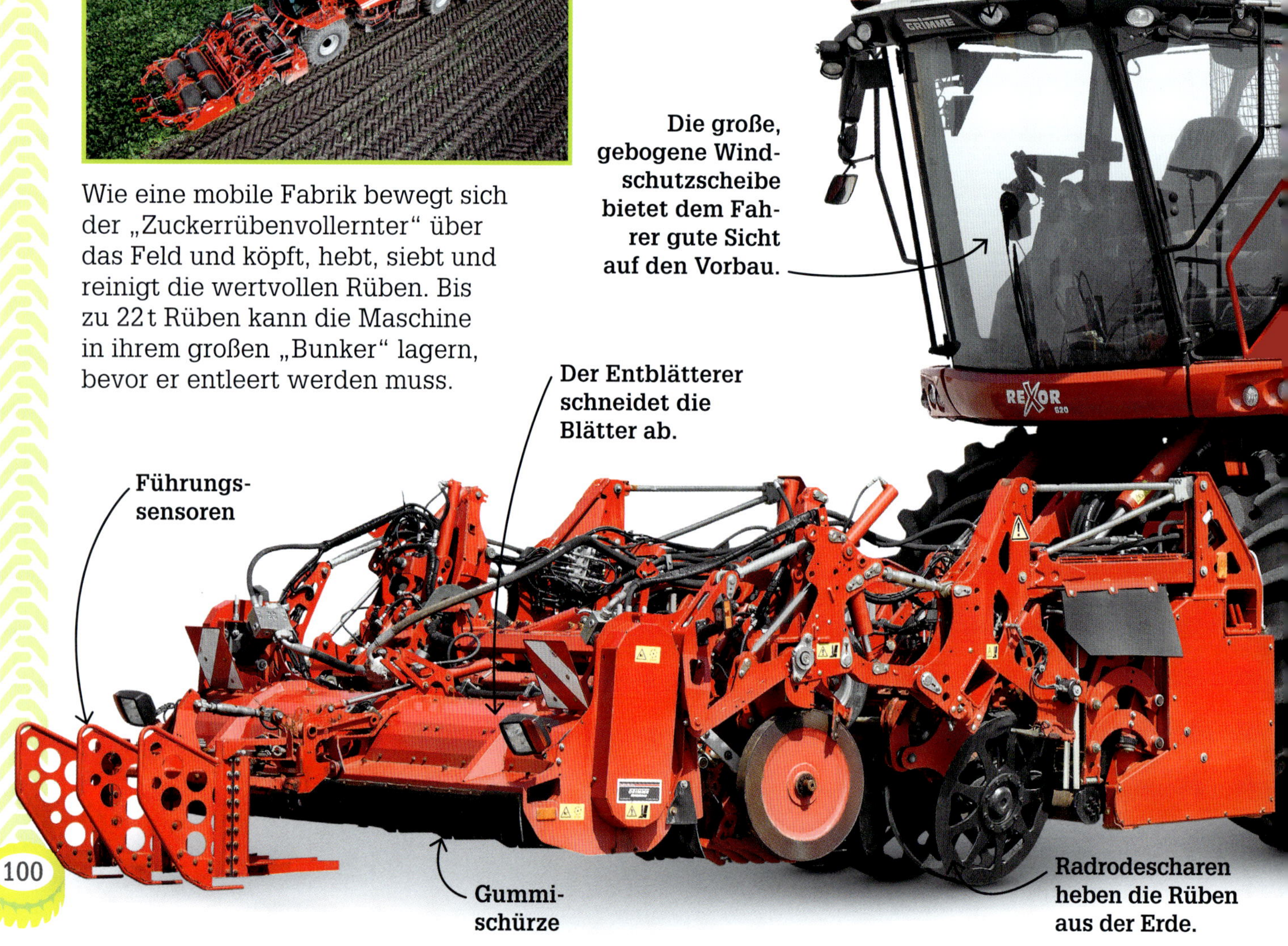

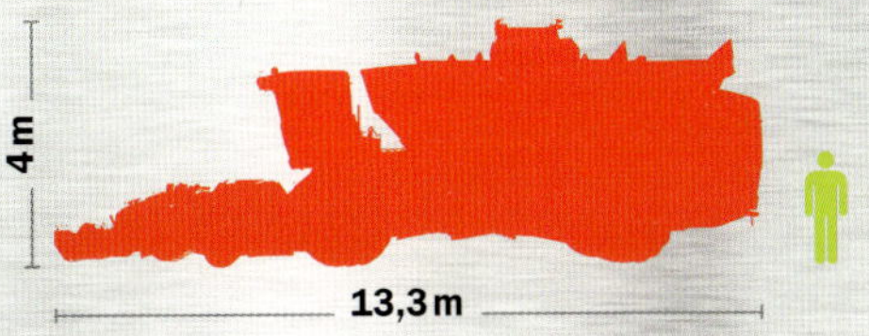

GRIMME REXOR 620

HERKUNFT Deutschland
ERSTES BAUJAHR 2012
GEWICHT 25 900 kg
LEISTUNG 530 PS (390 kW)

SO WIRD GERODET

Scharfe Messer schneiden die Blätter der Rüben ab, dann heben die Radrodescharen die Rüben in den Roder. Dort kullern die Rüben zum Reinigen durch mehrere Siebsterne, damit die Erde abfällt. Der Elevator befördert die sauberen Rüben in den Bunker, bis sie von dort in Anhänger entladen werden.

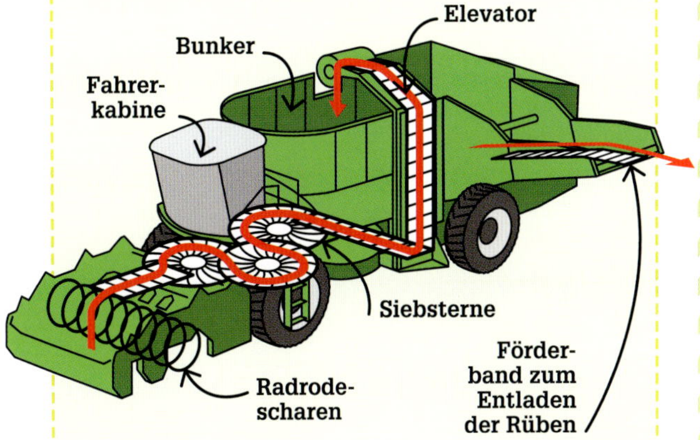

Dieser Rübenroder kann auf der Straße mit bis zu 40 km/h fahren. Mit dem Knickgelenk hinter der Kabine ist die große Maschine leicht zu steuern.

OBSTGÄRTEN UND WEINBERGE

Traktorhersteller bauen schon seit Jahren schmale Modelle, die zwischen die Reihen von Obstbäumen und Weinstöcken passen. Doch seit kurzem sind Spezialmaschinen auf dem Markt, die manchmal kaum noch als Traktoren zu erkennen sind.

▲ SUPERSCHLANK

FENDT 211 V | DEUTSCHLAND **2009**

Fendt baut diesen Typ in mehreren Breiten. Diese besonders schmale Version kommt in Weinbergen zum Einsatz.

▲ OLIVENERNTER

NEW HOLLAND BRAUD 9090X | USA **2011**

Dieser Traktor fährt über die Olivenbüsche und schüttelt sie, bis die Oliven herunterfallen. Die Früchte sammelt er im Behälter.

▶ SPEZIALIST FÜR SCHRÄGEN

MASSEY FERGUSON 3350C | USA **2001**

Steile Hänge können gefährlich sein. Raupenketten bieten hier besseren Halt als die Räder normaler Traktoren.

AHA!

Bei vielen Obstbautraktoren weist der Auspuff von den Ästen weg nach unten.

▲ TRAUBENERNTER

NEW HOLLAND BRAUD 9060L | USA **2013**

Diese ungewöhnliche Spezialmaschine fährt über die Reihen der Weinstöcke und sammelt die Trauben, aus denen Wein gemacht wird.

◀ NIEDRIGES PROFIL

NEW HOLLAND T4 COOL CAB | USA **2014**

Dieser kleine Traktor kann unter tief hängenden Ästen durchfahren. Er ist vor allem bei der Nuss- und Apfelernte nützlich.

SPEZIALTRAKTOREN

Diese vierrädrigen Traktoren für den Reihenfruchtbau sollen zwischen die Pflanzenreihen passen und über die Pflanzen hinwegfahren, ohne sie zu beschädigen. Dafür brauchen sie erhöhte Rahmen mit „langen Beinen“ und außerdem sehr dünne Räder.

◀ GRÜNE MASCHINE

OLIVER 1650

USA **1964**

Der Fahrer sieht alle vier Räder sehr gut, sodass er aufpassen kann und nicht aus Versehen über wertvolle Pflanzen fährt.

▶ LUFTIGE HÖHE

DAVID BROWN 850

GROSSBRITANNIEN **1960**

Die ersten Traktoren mit großer Bodenfreiheit hatten, anders als heutige, weder Überrollbügel noch eine Sicherheitskabine. Sie konnten gefährlich instabil sein.

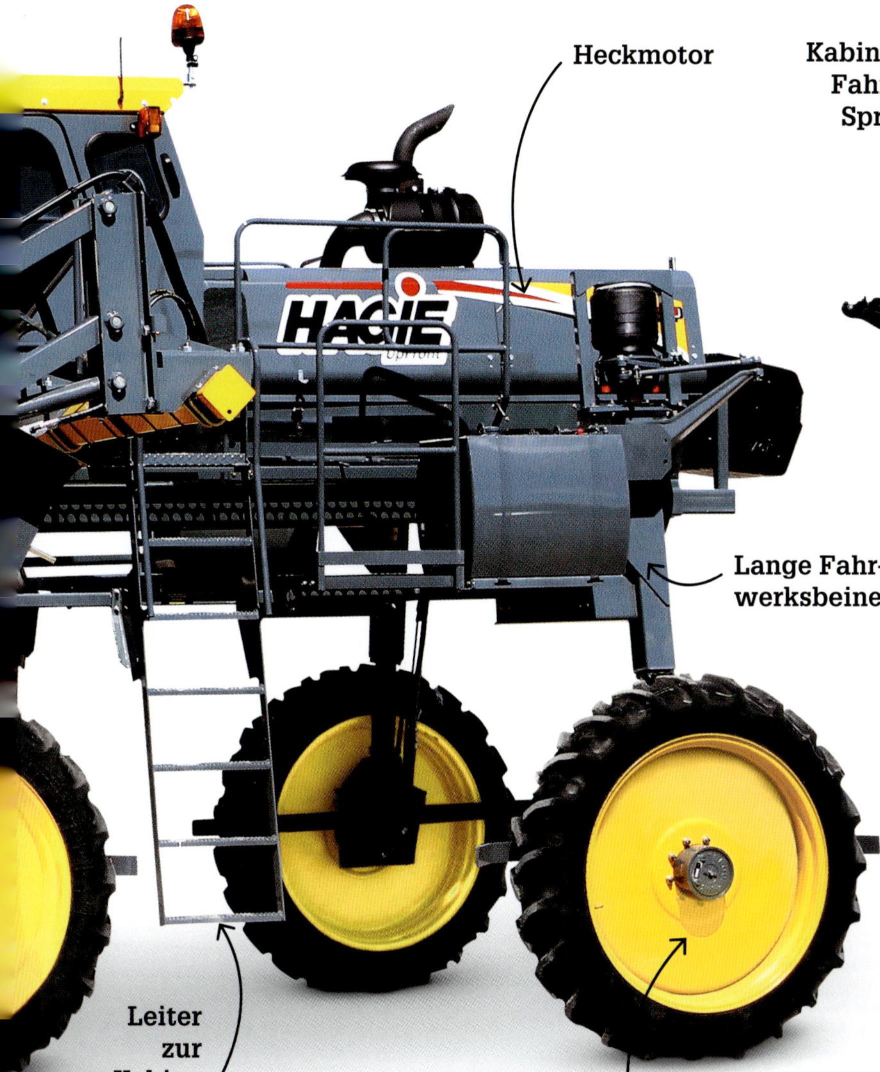

▲ ÜBER DEM MAIS

HAGIE 204 SP | USA **2013**

Diese seltsame Maschine fährt über die wachsenden Maispflanzen hinweg und entfernt die Blütenstände von den Spitzen. Die schmalen Räder passen genau zwischen die Pflanzenreihen.

▲ HOCHBEINIG

NEW HOLLAND T6050

USA **2007**

Solche Traktoren mit großen, schmalen Rädern sind mit ihrer Bodenfreiheit für die kleinteilige Arbeit zwischen den Pflanzenreihen ideal geeignet.

AHA!

Viele Pflanzen werden in Reihen angebaut, Baumwolle ebenso wie Blumenkohl.

▶ HÖHERGELEGT

JOHN DEERE 6150RH | USA **2013**

Der Schmied und Erfinder John Deere stellte ab 1837 Pflüge her. Heute baut die Firma viele verschiedene Traktoren, Geräte und Spezialmaschinen wie diesen Reihenfruchttraktor mit großer Bodenfreiheit.

FRONTLADER

Zwei starke, hydraulisch betätigte Arme machen einen Traktor noch vielseitiger. An dieser sogenannten Schwinge kann man verschiedene Geräte anbauen, zum Beispiel eine Schaufel oder eine Palettengabel. Mit Zinken oder einer Zange kann der Traktor Heu- oder Silageballen (Viehfutter) heben und stapeln.

Große Fenster und Glastüren für gute Rundumsicht

Kotflügel

Felgen von Massey Ferguson sind meistens grau.

Vordere Reifen mit Profil für Allradantrieb

Mit einer Ladeschaufel lassen sich Getreide, Mist, Dünger und Viehfutter heben und verladen. Der Bauer spart dadurch viel Zeit und harte Arbeit.

SO ARBEITET DER FRONTLADER

Einen modernen Lader kann der Fahrer mit einem Joystick von der Kabine aus steuern. Bewegt er den Joystick nach hinten oder vorn, hebt oder senkt sich der Lader, bewegt er den Joystick zur Seite, kippt die Schaufel nach oben oder unten.

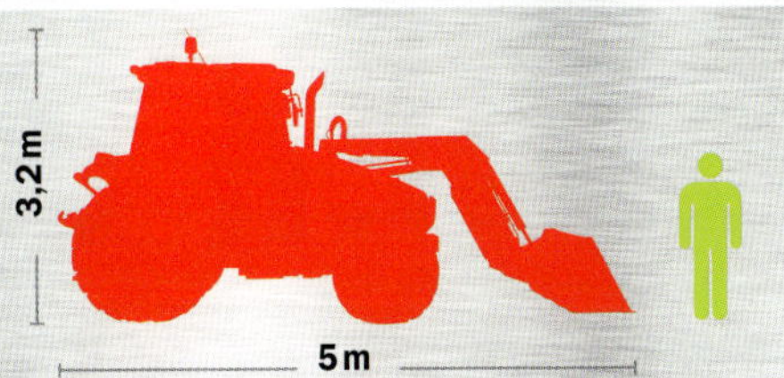

MASSEY FERGUSON MF 941 MIT LADER

HERKUNFT USA
ERSTES BAUJAHR 2013
HUBKRAFT 1730 kg
HUBHÖHE 3,75 m

Ladeschaufel

Mit einem angehobenen Frontlader kann man hohe Heustapel erreichen oder Material in Anhänger mit hohen Seitenwänden kippen.

Der Frontlader lässt sich abnehmen und der Traktor anders einsetzen.

Hydraulikzylinder heben und kippen die Schaufel.

LADER UND STAPLER

Moderne Traktoren können viel mehr als nur Felder pflügen oder Anhänger ziehen. Sie können die verschiedensten Materialien greifen, heben und befördern. Diese Lader und Stapler sind enorm stark und machen die Arbeit der Bauern erheblich leichter und sicherer.

Der Lader lässt sich mit verschiedenen Schaufeln und Gabeln ausrüsten.

◀ SCHAUFEL MIT GREIFER

MASSEY FERGUSON 8925 XTRA | USA **1998**

Dieser Teleskoplader hat einen Hubarm, der sich geradlinig ausfahren lässt und bis zu 5 m Höhe erreichen kann. Die Maschine kann damit bis zu 2500 kg heben.

▶ MISTGABEL

MASSEY FERGUSON | GROSSBRITANNIEN

Früher mussten Bauern ihre Ställe mit der Mistforke per Hand ausmisten. Dieser Traktor kann große Stallgebäude mühelos säubern.

Der Traktor kann Mist auf einen Anhänger laden.

Gabelzinken greifen und halten Silage.

Hydraulikzylinder öffnen und schließen die Zange.

◀ BALLENZANGE

NEW HOLLAND 740 TL | USA **2013**

Mit der Zange kann dieser Traktor Rundballen vorsichtig heben und stapeln, ohne die Umwicklung aus Plastikfolie zu beschädigen.

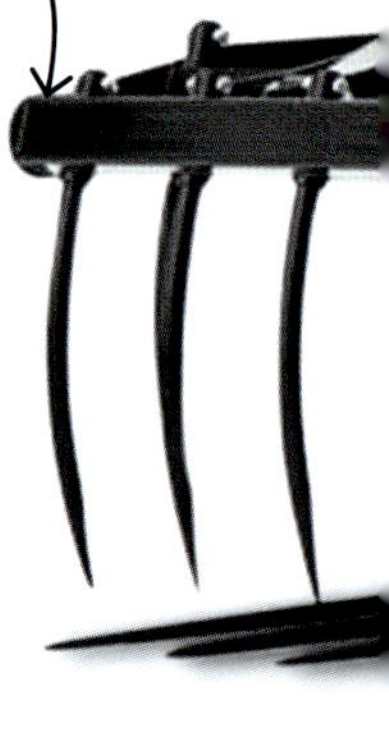

▼ GELÄNDEGÄNGIGER STAPLER

CATERPILLAR TH406 | USA **2010**

Teleskoplader werden in der Landwirtschaft ebenso eingesetzt wie auf Baustellen. Der Hubarm lässt sich nach vorn ausfahren und mit der Last anheben.

HYDRAULIK

Der Traktormotor treibt eine Pumpe an, die die Hydraulikflüssigkeit durch Rohre in Zylinder presst. Dort drückt die eintretende Flüssigkeit den Kolben hinaus. Seine Bewegung betätigt den Lader.

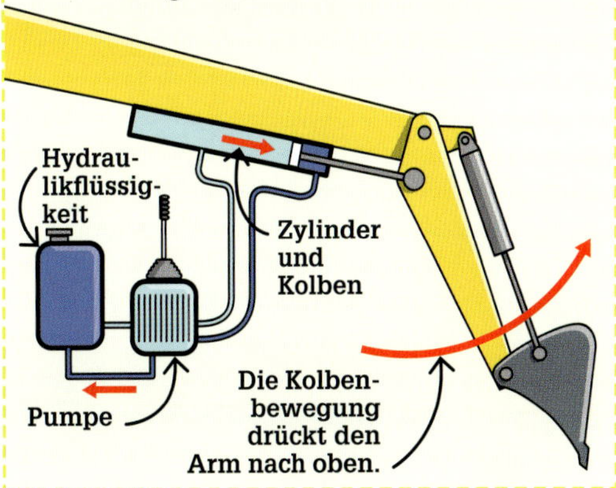

▶ SILAGESCHAUFEL

NEW HOLLAND 740 TL

USA **2013**

Diese Frontladerschaufel kann Silage oder Mist einfach und schnell greifen, heben und verladen.

ANHÄNGER-TYPEN

Mit Anhängern werden Dinge befördert, zum Beispiel Material, Maschinen, Vieh und Viehfutter sowie auf dem Bauernhof erzeugte Nahrungsmittel. Die meisten Bauern besitzen für bestimmte Aufgaben verschiedene Anhänger.

▲ HOCH GESTAPELT

BALLENWAGEN	GROSSBRITANNIEN (GB)

Die Vorderachse dieses Schwerlast-Plattformwagens ist schwenkbar, sodass der lange Wagen gut um Kurven fahren kann.

▼ SILAGETRANSPORTER

RICHARD-WESTERN-ANHÄNGER „SUFFOLK“	GB

Zur Erntezeit befördern solche Silageanhänger ständig die frisch gemähte Silage von den Feldern zum Bauernhof.

◀ OBSTTRANSPORT

ERNTEWAGEN	DEUTSCHLAND

Empfindliches Obst wird in Kisten sehr vorsichtig befördert, denn Früchte mit Druckstellen oder Schäden will niemand kaufen.

▼ MASCHINENTRANSPORT

MAC TANDEM-TIEFLADER	GB

Zum Transport schwerer Maschinen oder Geräte eignet sich ein derartiger Tieflader.

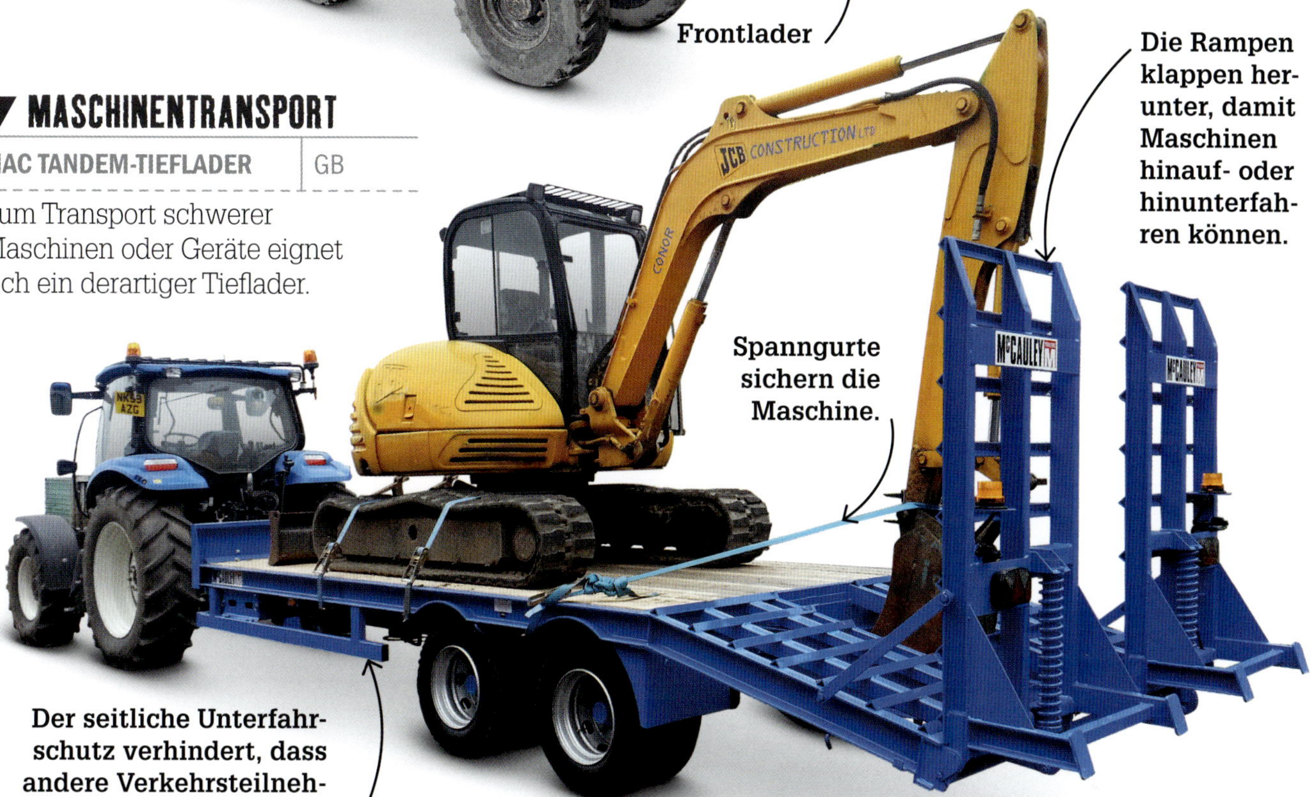

▲ KIPPANHÄNGER

LARRINGTON ROOTKING	GB

Solche Doppelachsanhänger sind ideal für schwere Hackfrüchte wie Kartoffeln oder Zuckerrüben. Hydraulikzylinder heben und senken den Kippaufbau.

NICHT NUR AUF FELDERN

3

IM GARTEN

Solche Kleintraktoren sind sehr beliebt bei Gärtnern, die damit Werkzeuge und Material transportieren. Mit Aufsitzrasenmähern mähen sie sogar riesige Rasenflächen ohne große Anstrengung.

▲ VIELSEITIG

JOHN DEERE GATOR

USA **1992**

Für Arbeiten auf großen Grundstücken kann dieses kleine Mehrzweckfahrzeug zwei Personen sowie Geräte und Material befördern.

▶ PROFI-MÄHER

JOHN DEERE 1565

USA **2002**

Dieser professionelle Aufsitzmäher hat ein Frontmähwerk, eine Kabine mit guter Rundumsicht und breite Reifen für Grasflächen.

▶ FLOTTER 4x4

MASSEY FERGUSON 1540

USA **2005**

Heute gilt dieser Kompakttraktor mit Dreizylinder-Dieselmotor als klein, aber er ist so groß wie normale Traktoren aus der Zeit um etwa 1940 bis 1960.

▼ WENDIG

JOHN DEERE Z445

USA **2009**

Dieser Aufsitzrasenmäher mit 27-PS-Motor kann auf der Stelle wenden und erleichtert dadurch die Arbeit sehr.

◀ RASENTRAKTOR

MASSEY FERGUSON 21–25 GC

USA **2010**

Dieser Aufsitzmäher sieht zwar wie ein „Babytraktor“ aus, er hat aber einen 25-PS-Motor.

▶ KOMPAKTE LEISTUNG

NEW HOLLAND BOOMER 30 | USA **2011**

Für diese Kompakttraktoren, die in großen Gärten, auf kleinen Bauernhöfen oder in Pferdeställen genutzt werden, gibt es spezielle, verkleinerte Geräte.

IN DER STADT

Diese in der Stadt eingesetzten modernen Traktoren pflegen unermüdlich Straßen, Parks und andere städtische Anlagen. Mäher, Mulcher, Besen und Lader sind nützliche Anbaugeräte für solche Aufgaben.

Eine Zapfwelle treibt das Mähwerk an.

▲ BANKETTMÄHER

MASSEY FERGUSON 3065 | USA **1992**

Das Frontmähwerk dieses Traktors ist ideal, um breite Grünstreifen neben der Straße oder dichtes, verfilztes Gras zu mähen.

Für die unterschiedlichen Aufgaben werden verschiedene Aufbauten aufgesetzt.

Die Räder können je nach Art der Arbeit gewechselt werden.

▶ ZWEIWEGEFAHRZEUG

UNIMOG U400 | DEUTSCHLAND **2000**

Unimogs sind Mehrzweckgeräte, die schwere Lasten ziehen oder verschiedene Geräte antreiben können. Sie sind in vielen Städten unterwegs.

Rotierende Kehrbesen

▲ STADTSPEZIALIST

HOLDER C270

DEUTSCHLAND **2010**

Das vielseitige Fahrzeug ist wie hier als Kehrmaschine oder auch als Wassertankwagen, Schneepflug oder Mäher einsetzbar.

▶ MÄHEN UND SCHNEIDEN

MASSEY FERGUSON 6455

USA **2005**

Der Hochleistungsmulcher kann waagerecht Grünstreifen mähen und geschwenkt auch Böschungen und Hecken schneiden.

▲ VIELSEITIG

JOHN DEERE 3045R

USA **2014**

Im Park brauchen Traktoren meistens nicht so viel Leistung wie auf einem Bauernhof. Dieser Kompakttraktor kann mit dem Frontlader Kompost, Kies oder Abfall befördern.

KG

SCHIEBEN ODER ZIEHEN

Mit Flugzeugschleppern werden Flugzeuge auf Flughäfen rangiert. Das niedrige, schwere Fahrzeug hat hier das Bugfahrwerk des Flugzeugs angehoben, sodass es das Flugzeug nun vorsichtig an die gewünschte Position schieben oder ziehen kann.

MILITÄRFAHRZEUGE

Einige der fortschrittlichsten und interessantesten Maschinen setzt das Militär ein. Zugmaschinen, Ketten- und Geländefahrzeuge sind für die Streitkräfte wichtig: Die Soldaten und ihre Ausrüstung können damit schwieriges und gefährliches Gelände sicher durchqueren.

▶ PIONIERBAGGER

JCB HMEE

GROSSBRITANNIEN **2008**

Dieser ungewöhnliche Baggerlader kann auf Straßen schnell fahren und schwere Lasten ziehen. Den Fahrer schützt eine Panzerung.

MINENRÄUMUNG

Dicke Ketten, sogenannte Flegel, die sich um eine starke Walze drehen, schlagen auf den Boden und bringen dort vergrabene Minen zur Explosion. Dank schwerer Panzerung bleiben das Fahrzeug und die Besatzung dabei unversehrt.

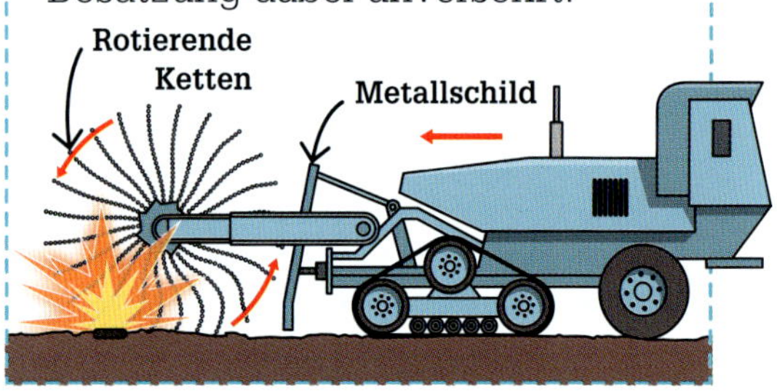

▲ TRAKTORVETERAN

HOLT 75 | USA **1913**

Im Ersten Weltkrieg zogen Holt-Traktoren schwere Geschütze. Ursprünglich waren sie für Landwirtschaft und Straßenbau entwickelt worden.

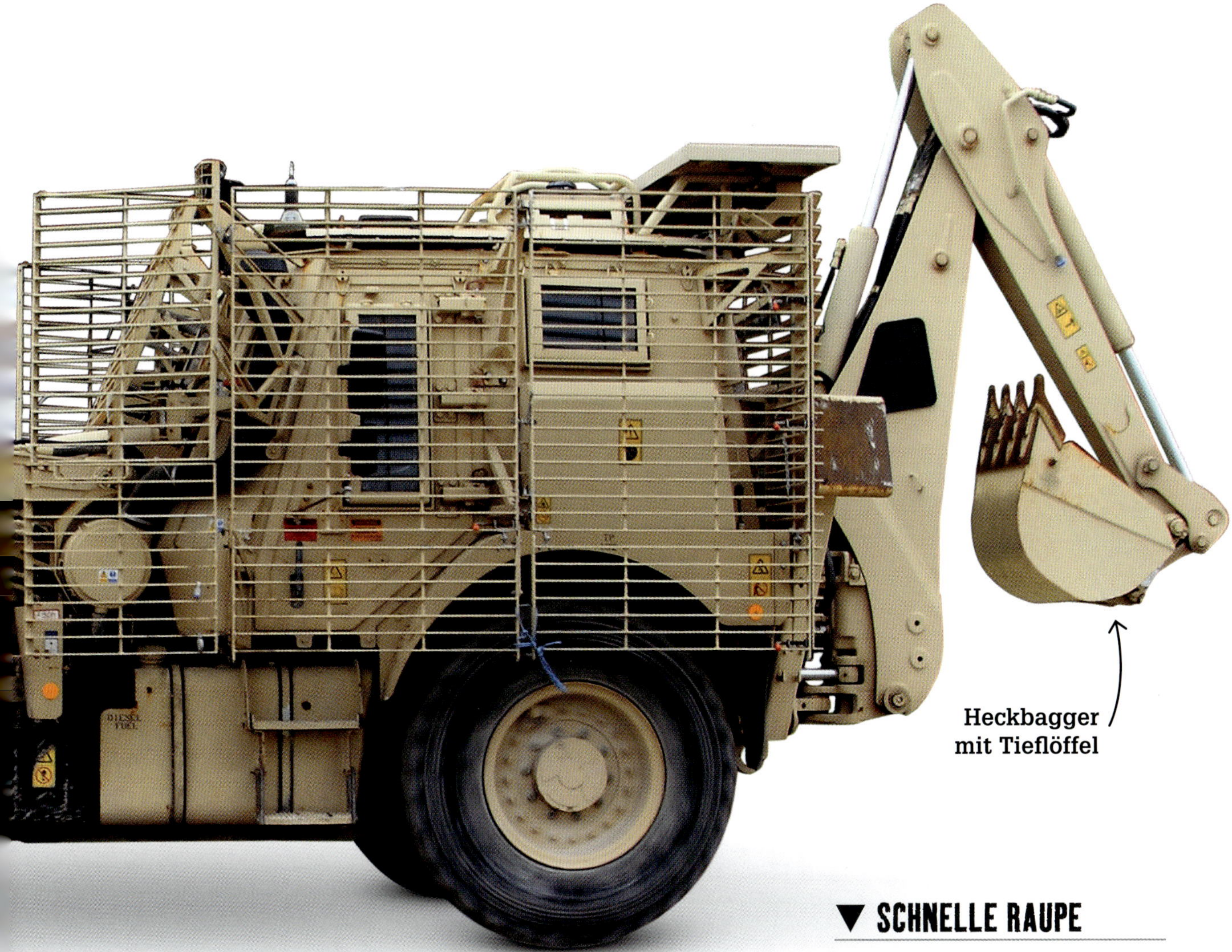

Heckbagger mit Tieflöffel

Die Ketten schlagen fest auf den Boden.

▲ MINENRÄUMER

AARDVARK | GROSSBRITANNIEN **2008**

Diese eindrucksvolle Maschine sucht tödliche Landminen und macht sie unschädlich. Damit werden frühere Kriegsgebiete wieder bewohnbar.

▼ SCHNELLE RAUPE

CLETRAC-M2-HOCHGESCHWINDIGKEITSZUGMASCHINE

USA **1942**

Diesen Flugzeugschlepper mit Winde nutzte das US-Militär auf Flugplätzen. Mit bis zu 35 km/h war er für ein Kettenfahrzeug schnell.

Abnehmbares Segeltuchdach

Seilwinde

PIONIERPANZER

Der BAE Terrier lässt sich als Bagger, Frontlader und Panzer einsetzen. Die schwere Panzerung schützt die zwei Insassen vor Explosionen. Mit seiner Frontschaufel und dem seitlichen Bagger kann er die verschiedensten Hindernisse aus dem Weg räumen.

Der Terrier lässt sich mit einem Maschinengewehr und Nebelwerfern ausrüsten.

Dieses Ungeheuer lässt sich fernsteuern – eine wichtige Funktion zum Räumen von Minenfeldern. Der Panzer erreicht fast 80 km/h, kann schweres Gerät ziehen oder mitführen und lässt sich mit verschiedenen Anbauten wie Gabelstapler und Gesteinsmeißel ausrüsten.

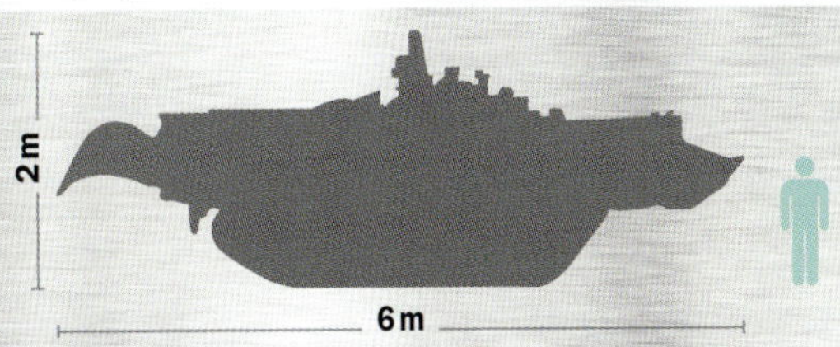

BAE TERRIER

HERKUNFT Großbritannien
ERSTES BAUJAHR 2013
GEWICHT 30 000 kg
LEISTUNG 700 PS (515 kW)

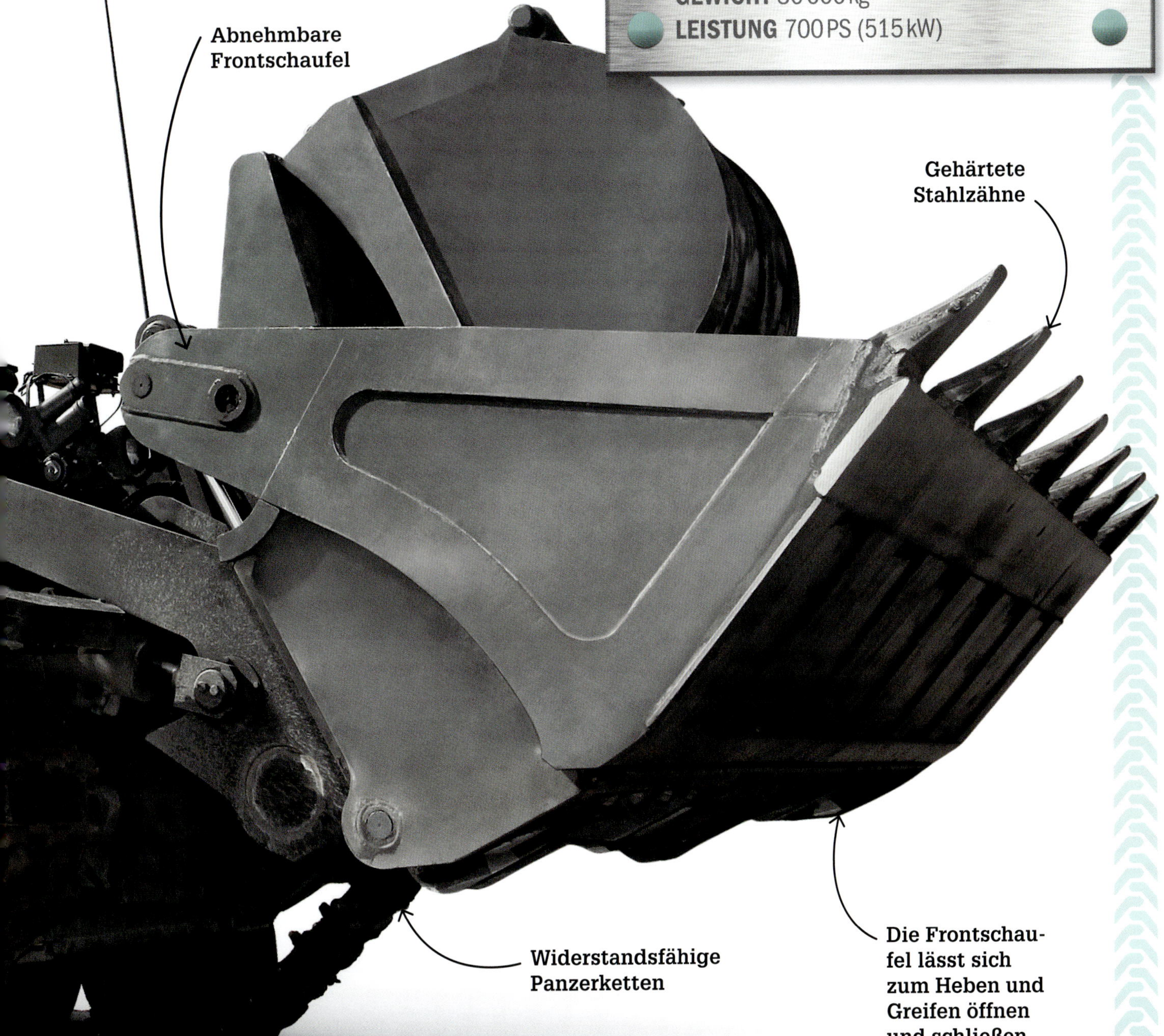

Der Talus MB-H kann in bis zu 2,5 m tiefem Wasser gut arbeiten.

LEBENSRETTER

Spezialtraktoren wie dieser Talus MB-H lassen britische Seenotrettungsboote zu Wasser und nehmen sie wieder auf, auch bei schlechtem Wetter und rauer See. Das schwere Fahrzeug mit 210-PS-Motor wurde in Wales gebaut. Es kann ins Wasser hineinfahren, weil die Fahrerkabine und der Motorraum wasserdicht sind.

IN SCHNEE UND EIS

Traktoren räumen Schnee von den Straßen, pflegen Pisten und Skihänge und arbeiten als Transport- oder Zugfahrzeuge in Gegenden, in denen es so kalt ist, dass weder Autos noch Lastwagen funktionieren.

▲ EIN ORIGINAL

TUCKER SNO-CAT

USA **1948**

Mit vier unabhängig aufgehängten Raupen befördern die „Schneekatzen" in der geräumigen Kabine Menschen und Material überall hin. Vorn lässt sich ein Schneeräumschild anbauen.

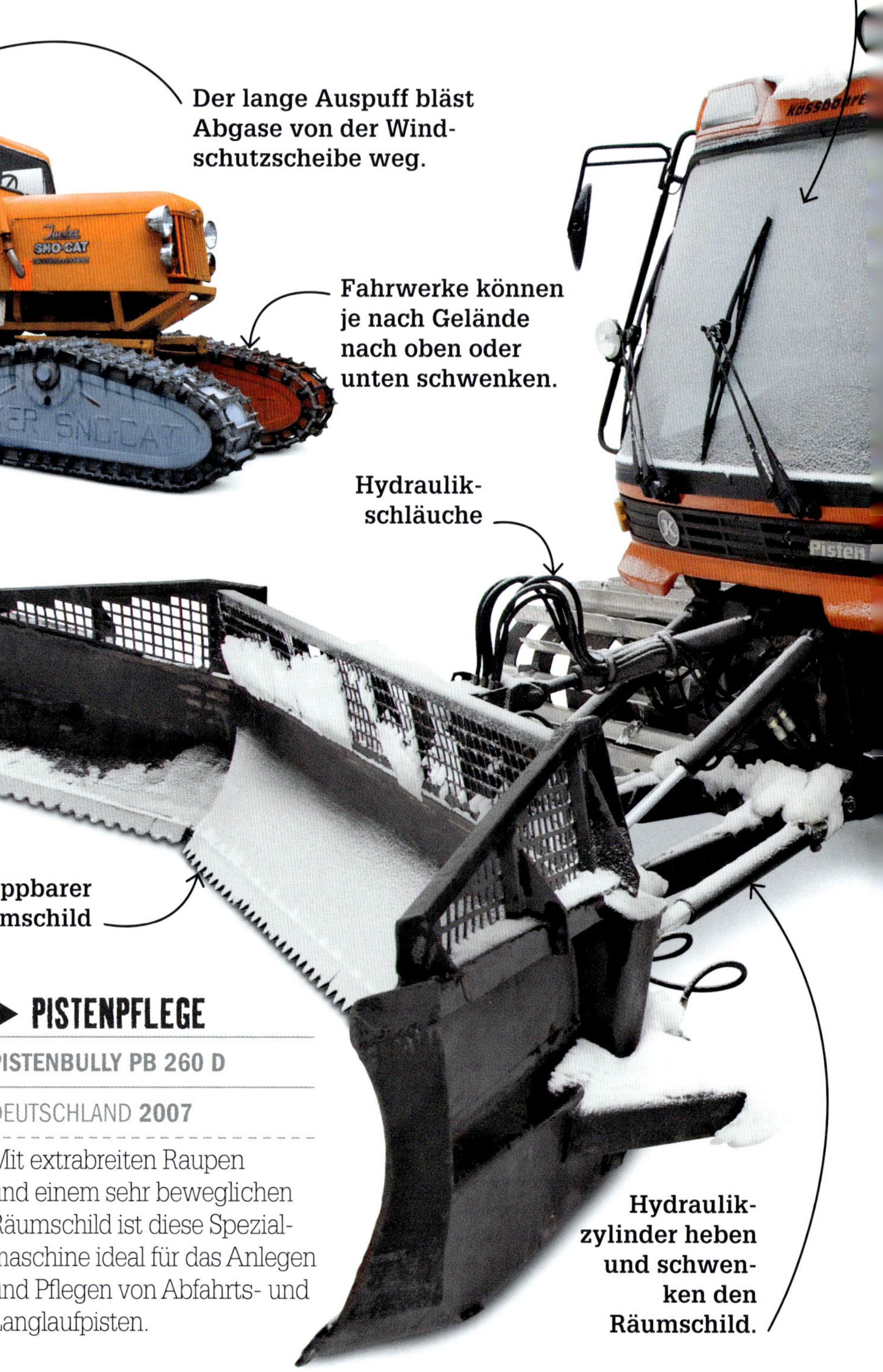

▶ PISTENPFLEGE

PISTENBULLY PB 260 D

DEUTSCHLAND **2007**

Mit extrabreiten Raupen und einem sehr beweglichen Räumschild ist diese Spezialmaschine ideal für das Anlegen und Pflegen von Abfahrts- und Langlaufpisten.

AHA!

Flüssigkeiten wie Kühlwasser, Öl und Kraftstoff muss man durch Zusätze vor Frost schützen.

▶ SCHNEEFRÄSE

KAHLBACHER KFS 950/2600

ÖSTERREICH **1995**

Diese von der Zapfwelle des Traktors angetriebene Schneefräse hilft, Straßen schneefrei zu halten: Sie saugt Schneewehen ein und bläst sie zur Seite.

Der schwenkbare Auswurf bläst den Schnee zur Seite.

Die Frästrommel nimmt den Schnee auf.

Extrabreite Raupen verteilen das Gewicht.

▼ PULVERSCHIEBER

VALTRA T152 MIT SCHNEEPFLUG

FINNLAND **2011**

Räumschilde oder Schneepflüge lassen sich an die meisten Traktoren anbauen, aber für große Geräte benötigt man eine starke Maschine wie diesen Valtra.

Der gewölbte Schild hilft, Schnee zur Seite zu schieben.

REISE IN DIE KÄLTE

Die Antarktis ist der wohl ungemütlichste Ort der Erde. Im Polarwinter gibt es riesige Eisfelder, tiefe Gletscherspalten, Temperaturen von –70 °C und fast ständige Dunkelheit. Zwei Caterpillar-D6N-Traktoren wurden für „The Coldest Journey“ umgebaut: Diese „Kälteste Reise“ war eine Expedition im Jahr 2013, bei der Menschen im Winter mit Raupenschleppern die Antarktis durchquerten.

Zwei mächtige Cat D6N arbeiteten bei dieser extremen Expedition zusammen. Sie zogen die Unterkünfte der Mannschaft, ihre Vorräte und Ausrüstung durch die eisige Einöde.

Ein Radar am Spaltenarm zeigt dem Fahrer genau, wie dick das Eis ist.

Der u-förmige Spaltenarm verhindert, dass das Fahrzeug in tiefe Löcher stürzt, und kann es im Notfall abstützen.

Großer Schild zum Räumen von Schnee und Hindernissen

Breite Ketten verhindern das Einsinken des Fahrzeugs.

Die Raupenschlepper mussten Eisspalten überqueren. Als einer stecken blieb, zog ihn der andere mit der Winde heraus.

Die Raupenketten haben große Stollen, die wie die Zinnen einer Burg geformt sind. Sie dringen in das Eis ein und geben Halt. Zum Erklimmen von Gletschern liefern Spikes zusätzlichen Halt.

Die umgebauten Schlepper hatten ein komplexes Zentralheizungssystem, das den Fahrer wärmte und verhinderte, dass bewegliche Teile der Maschine einfroren.

TRAKTOREN IM WALD

Forsttraktoren sind extrem belastbar. Sie arbeiten auf unbefestigtem Boden und klettern über Baumstümpfe und heruntergefallene Äste. Da sie auch schwere Holzladungen sicher heben und transportieren müssen, sind sie meist sehr stark.

Unter Hochspannungsleitungen darf der Fahrer den Lader nicht benutzen.

▼ STARKER RÜCKEZUG

PONSSE ELEPHANT | FINNLAND **2011**

Dieser Tragschlepper kann 18 t Holz mit fast 20 km/h befördern und dabei in unbefestigtem Gelände und sogar im Schnee arbeiten.

Der Stahlrahmen schützt den Motor vor Stößen.

Der Rungenaufbau trägt die Baumstämme.

Spezialanhänger für Stammholz

Der Sicherheitsrahmen schützt Fahrer und Traktor vor umstürzenden Bäumen.

◀ FORSTAUSRÜSTUNG

STEYR 4130 | ÖSTERREICH **2013**

Moderne Steyr-Traktoren sind kraftstoffsparend, wirtschaftlich und abgasarm. Dieses Modell hat einen Schutzkäfig für die Waldarbeit.

Der Räumschild beseitigt Hindernisse.

Starke Greifzange

▲ RÜCKESCHLEPPER

JOHN DEERE 648H	USA 2008

Mit seiner massiven Hydraulikzange kann der starke Schlepper mehrere Stämme gleichzeitig heben und ziehen.

Hydraulischer Lader mit ausfahrbarem Ausleger

▶ VOR UND ZURÜCK

VALTRA T162	FINNLAND 2011

Der leistungsstarke Valtra T162 hat eine Rückfahreinrichtung, mit der der Fahrer in beide Richtungen fahren und arbeiten kann.

◀ RÜCKEANHÄNGER

VALTRA N123	FINNLAND 2014

Dieser Mehrzwecktraktor ist für die Waldarbeit ideal. Mit den hinteren Schneeketten ist er für jedes Wetter gerüstet.

Widerstandsfähige Reifen für schweres Gelände

BAUM FÄLLT!

Dieser Forsttraktor frisst sich wie ein Ungeheuer durch den Wald, greift sich ganze Bäume – auch mehrere – und sägt sie über der Wurzel ab. Dank seines starken Motors und der großen Reifen fährt er mit Leichtigkeit durch das Unterholz und sogar über Baumstümpfe.

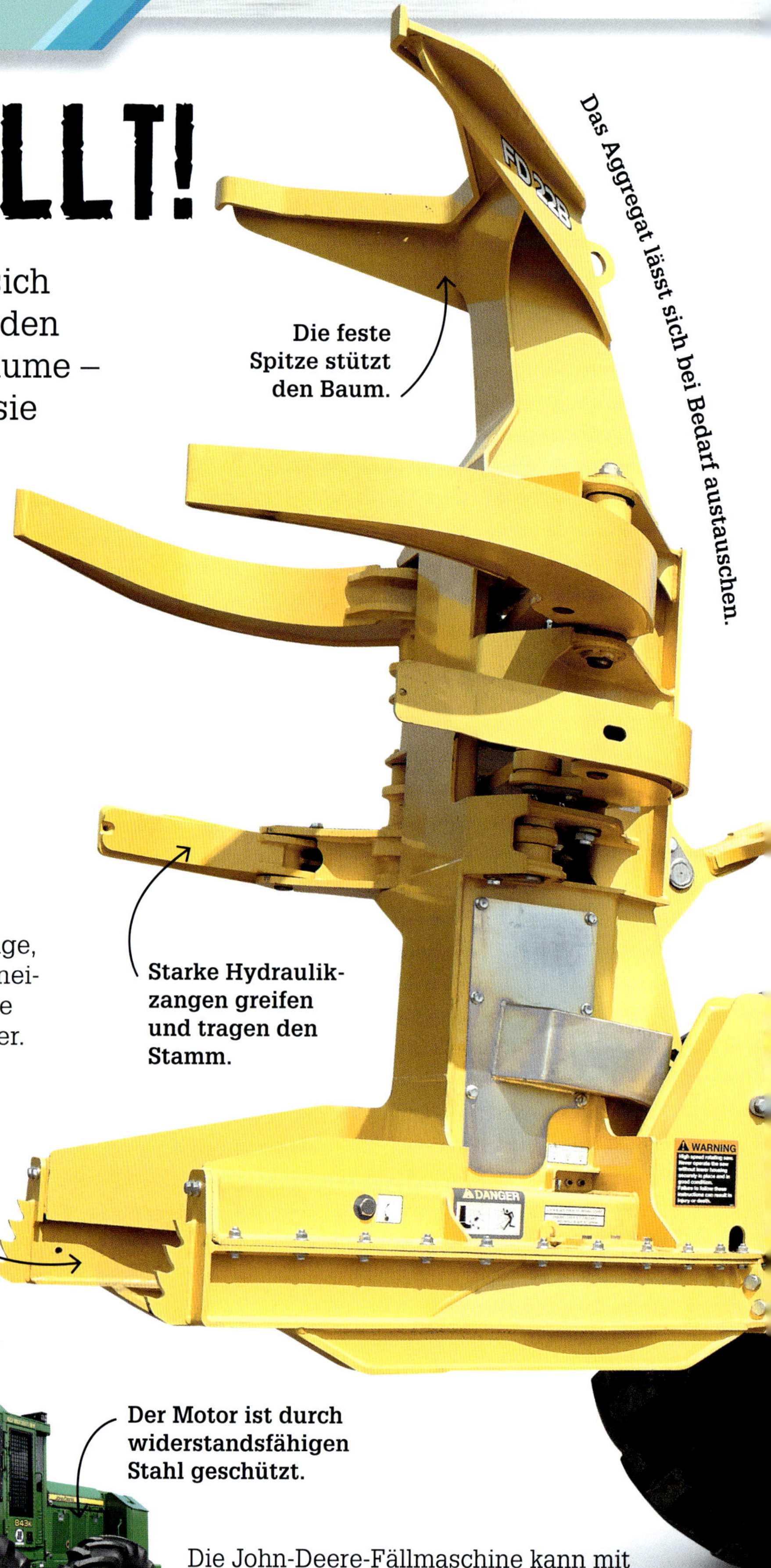

Das Aggregat lässt sich bei Bedarf austauschen.

Die feste Spitze stützt den Baum.

Starke Hydraulikzangen greifen und tragen den Stamm.

Die Säge schneidet den Stamm über der Wurzel ab.

Zwischen den mächtigen gelben Klauen sitzt eine leistungsstarke Säge, die Baumstämme einfach durchschneidet. Den Stamm bringt die Maschine dann zu einem Stapel oder Anhänger.

Geschlossene Greifzangen

Der Motor ist durch widerstandsfähigen Stahl geschützt.

Die John-Deere-Fällmaschine kann mit ihren besonders belastbaren Achsen auf unebenem Gelände und an steilen Hängen arbeiten. Das abnehmbare Aggregat kann mehrere Bäume gleichzeitig greifen und fällen.

Diese Fällmaschine übernimmt die Aufgaben mehrerer Arbeiter mit Sägen und macht das Baumfällen sicherer, weil der Fahrer in einer geschützten Kabine sitzt.

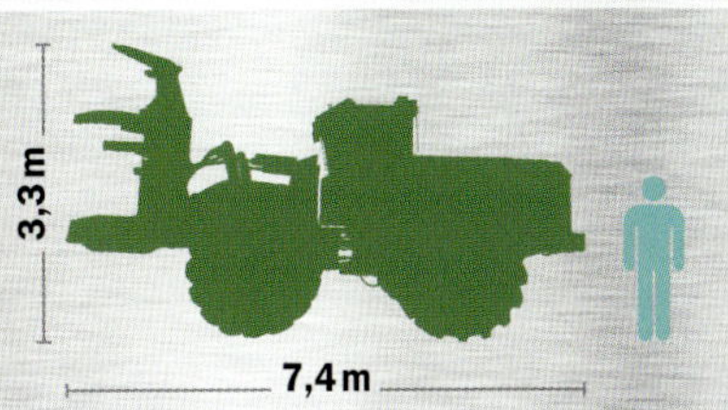

JOHN-DEERE-843K-FÄLLMASCHINE

HERKUNFT USA
ERSTES BAUJAHR 2013
GEWICHT 12 696 kg
LEISTUNG 243 PS (181 kW)

Kabine mit Klimaanlage, Computerbildschirmen, Joysticks und Radio

AHA!
Bei riesigen Traktoren ebenso wie bei kleinen Rasenmähern fallen John-Deere-Maschinen durch die grün-gelbe Farbe auf.

Extrabreite Reifen tragen die schwere Maschine auf feuchtem und unebenem Gelände.

GRADER

Traktoren sind vielseitig: Sie können Lasten ziehen und viele Geräte antreiben. Manche Maschinen wurden jedoch speziell für eine bestimmte Arbeit entwickelt, die sie dann besonders gut erledigen. Dieser selbstfahrende „Erdhobel" kann große Flächen einebnen.

AHA!
Manche Grader haben an der Vorderseite einen zweiten Schild.

Der schwere Tragrahmen drückt den Schild auf den Boden.

Arbeitsscheinwerfer

Widerstandsfähige Reifen mit Industrieprofil

Diese Maschine macht mit dem großen untergehängten Schild aus unebenem Untergrund eine ebene Fläche. Grader werden oft im Straßenbau eingesetzt oder um Flächen zu ebnen, auf denen vorher andere Maschinen gearbeitet haben.

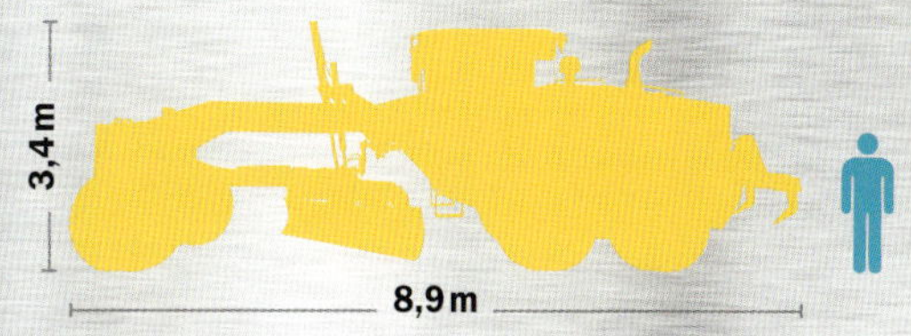

JOHN DEERE 672GP

HERKUNFT USA

ERSTES BAUJAHR 2013

GEWICHT 19960 kg

LEISTUNG 240 PS (179 kW)

BAUMASCHINEN I

Diese Hochleistungsmaschinen wurden für den Erd- und Straßenbau entwickelt und erledigen jeweils eine ganz bestimmte Arbeit. Ob es darum geht, Boden zu planieren, Material zu bewegen oder Rohre zu verlegen: Für jede Aufgabe gibt es Spezialmaschinen.

▶ WALZE

HAMM HD | DEUTSCHLAND **2009**

Diese Tandemwalze mit Knicklenkung ist mit 12,7 t ein richtiges Schwergewicht, mit dem Bodenflächen geglättet werden.

▲ SCHÜRFZUG

CATERPILLAR 615C

USA **2001**

Die Schneide des Schürfkübels trägt die oberste Bodenschicht ab, das Steilförderband lädt sie in den Kübel. Der volle Kübel wird an geeigneter Stelle entleert.

AHA!
Einige der schwersten Maschinen der Welt werden im Bergbau eingesetzt.

◀ ROHRVERLEGER

CATERPILLAR 583T | USA **2006**

Diese gewaltige Raupe kombiniert Traktor und Kran. Mit dem großen seitlichen Ausleger verlegt sie Rohrleitungen in Gräben.

▲ STAMPFFUSSWALZE

SAKAI SV400 | JAPAN **2008**

Dieser Knicklenker-Bodenverdichter mit gummibereifter Hinterachse hat eine „Schaffußwalze" mit großen Zapfen.

▶ BULLDOZER

JOHN DEERE 650K XLT | USA **2012**

Planierraupen sind ideal für den Straßenbau. Mit dem großen Schild können sie große Erd- oder Kiesmengen bewegen.

GROSS UND GELB

Auf Baustellen kann man viele verschiedene Rad- und Kettenfahrzeuge bei der Arbeit beobachten. Kipper, Radlader, Planierraupen und Bagger lassen sich zusammenfassend als Baumaschinen bezeichnen. Viele von ihnen sind gelb, denn so sind sie in der gefährlichen Arbeitsumgebung besonders gut zu sehen.

OVENDEN
BELL
OVENDEN
CATERPILLAR

BAUMASCHINEN II

Aus einfachen Traktoren wurden schwer arbeitende Baumaschinen entwickelt, die auf heutigen Baustellen ganz bestimmte Aufgaben erfüllen. Erdbewegungsmaschinen müssen stark und robust sein, weil sie enorme Mengen Boden, Kies und Asphalt ausgraben, heben und befördern.

▲ MULDENKIPPER

TEREX 2566B | USA **1992**

Schwere Knicklenker-Muldenkipper können größere Lasten befördern als die meisten Traktoren mit Anhänger. Sie werden im Straßenbau, auf Großbaustellen und in Steinbrüchen eingesetzt.

◀ RADLADER

CASE 621B | USA **1993**

Mit ihrer enormen Ladeschaufel sind Radlader ideal, um große Mengen Schüttgut zu heben und zu bewegen.

▶ BAGGERLADER

JCB 3CX | GROSSBRITANNIEN **2009**

Mit Frontlader, hinterem Baggerausleger und verschiedenen Wechselgeräten ist der vielseitige Baggerlader eine beliebte Baumaschine.

◀ VORDERKIPPER

BENFORD 4000	GROSSBRITANNIEN 1994

Kleine Kipper werden seit Jahrzehnten auf Baustellen eingesetzt, weil sie viel wendiger sind als die großen.

▶ KOMPAKTLADER

NEW HOLLAND L225	USA 2013

Solche niedrig gebauten, kompakten Lader bieten für ihre Größe eine stabile Plattform. Sie sind ideal zum Heben und Laden in engen Räumen.

REGISTER

A

B

C

D E

F

G

H

I

J

K

DANK UND BILDNACHWEIS

Der DK Verlag dankt Alexandra Beeden, Fran Baines und Carron Brown für redaktionelle Unterstützung, Amy Child, Shrabani Dasgupta, Namita und Roshni Kapur für Design-Unterstützung, Jackie Brind für das Register, Steve Mitchell und Ted Everett für ihre Unterstützung bei der Beschaffung von Fotos und Maltings Partnership für Illustrationen.

Der Verlag dankt folgenden Personen und Institutionen für die freundliche Genehmigung zum Abdruck von Fotos:

(Abkürzungen: o = oben, u = unten, m = Mitte, l = links, r = rechts, g = ganz, Hg = Hintergrund)

1 Dorling Kindersley: Andrew Websdale. **2–3 New Holland Agriculture:** (m). **6–7 Dorling Kindersley:** Paul Rackham. **8–9 AGCO Ltd. 10–11 Dorling Kindersley:** Lister Wilder. **12–13 Alamy Images:** Arterra Picture Library. **14–15 Dorling Kindersley:** The Shuttleworth Collection. **16–17 Dorling Kindersley:** Daniel Ward (go). **17 Dorling Kindersley:** Daniel Ward (ul); Great Dorset Steam Fair (mro). **David Parfitt:** (mr). **18–19 Getty Images:** SSPL. **20 Dorling Kindersley:** Derek Mellor (ul). Stuart Gibbard: (gor). David Parfitt: (ml). **21 Dorling Kindersley:** Paul Rackham (gom, mlo, u). **22 Dorling Kindersley:** Paul Rackham (gor, ml). **23 Dorling Kindersley:** Paul Rackham (gol, mr, mru). **24 Science Photo Library:** David R. Frazier (mlu). **24–25 Dorling Kindersley:** Paul Rackham. **26–27 Dorling Kindersley:** Paul Rackham (go). **26 Dorling Kindersley:** m. freundl. Genehm. von Roger und Fran Desborough (ml); Piet Verschelde (ur). **27 Dorling Kindersley:** Michel Geldof (gor); Peter Goddard (ur). **28–29 New Holland Agriculture:** (m). **30–31 AGCO Ltd:** (m). **32 Dorling Kindersley:** Peter Goddard (m). **New Holland Agriculture:** (mro). **33 AGCO Ltd:** (m). **Dorling Kindersley:** James Rivers (ur); Paul Rackham (gol). **John Deere:** (gor). **New Holland Agriculture:** (mlu). **34–35 Corbis:** Bettmann. **36 Dorling Kindersley:** Paul Rackham (u). **36–37 Dorling Kindersley:** Daniel Ward (gom). **37 Dorling Kindersley:** James Rivers (mlu, ur); The Tank Museum (mro). **38–39 Dorling Kindersley:** Lister Wilder. **40 Brian Knight:** (ml, um). **David Peters:** (gor). **41 Dorling Kindersley:** Chandlers Ltd (u); Doubleday Holbeach Depot (gor). **42–43 Dorling Kindersley:** David Wakefield. **44 Dorling Kindersley:** T Tyrell (ml). **44–45 John Deere:** (mu). **45 Dorling Kindersley:** Doubleday Swineshead Depot (gol, mlu). **John Deere:** (mr). **46–47 Alamy Images:** Simon Perkin. **46 Alamy Images:** National Geographic Image Collection (ul). **Jonathan Slack/Ladies Tractor Road Run:** (ur). **47 Alamy Images:** Graham Corney (ul); Island Images (ur). **48–49 Corbis:** Reuters/ Ina Fassbender. **52 Dorling Kindersley:** Stuart Gibbard (gor, mlo, mu, ul, ur). **53 Corbis:** Epa/ Jean-Christophe Bott (ur). **Dorling Kindersley:** Stuart Gibbard (gol, gor, ml, ul). **54–55 Dorling Kindersley:** Paul Rackham. **56–57 Dorling Kindersley:** Doubleday Holbeach Depot (gom). **56 Belarus Minsk Tractor Works:** (m). **Dorling Kindersley:** Rabtrak (ul, mru). **57 Dorling Kindersley:** Chandlers Ltd (gor); Rabtrak (u). **58–59 Corbis:** Hulton-Deutsch Collection. **60 Dorling Kindersley:** Doubleday Swineshead Depot (m, u). **60–61 Dorling Kindersley:** Doubleday Swineshead Depot (m). **61 Dorling Kindersley:** Doubleday Swineshead Depot (gor, mr). **62–63 Dorling Kindersley:** Roger und Fran Desborough. **64–65 Dorling Kindersley:** Richard Mason (u). **65 Alamy Images:** Noel Bridgeman (gol). **66 Dorling Kindersley:** Peter Tack (gor). **David Parfitt:** (um). **67 Dorling Kindersley:** Chandlers Ltd (m). **David Peters:** (ur, gom). **68–69 New Holland Agriculture:** (ml). **69 New Holland Agriculture:** (mr). **70–71 FLPA:** Bjorn Ullhagen. **72 Dorling Kindersley:** Keystone Tractor Works (mr). **73 Dorling Kindersley:** Andrew Farnham (ur); Keystone Tractor Works (go, ml). **74 AGCO Ltd:** (gom). **CLAAS:** (um). **75 AGCO Ltd:** (gom). **CLAAS:** (um). **76–77 Dorling Kindersley:** Lister Wilder (u). **78–79 AGCO Ltd:** (m). **80 Dorling Kindersley:** Doubleday Swineshead Depot (gor); Lister Wilder (m). **80–81 Dorling Kindersley:** Doubleday Swineshead Depot (u). **81 AGCO Ltd:** (ml). **Dorling Kindersley:** Doubleday Swineshead Depot (go). **82 Alamy Images:** Wayne Hutchinson (ml). **83 Dorling Kindersley:** Doubleday Swineshead Depot. **84 Dorling Kindersley:** Lister Wilder (m, ul). **84–85 Dorling Kindersley:** Miller Mining (go). **85 Dorling Kindersley:** Lister Wilder (mro). **John Deere:** (u). **86–87 Dorling Kindersley:** Doubleday Swineshead Depot (u). **John Deere:** (gom). **87 John Deere:** (ur). **88–89 Alamy Images:** Landscapes. **90–91 AGCO Ltd:** (gom). **John Deere:** (m). **90 AGCO Ltd:** (ml). **91 AGCO Ltd:** (gor). **Dorling Kindersley:** Lister Wilder (ur). **92–93 Dorling Kindersley:** Doubleday Swineshead Depot (u). **93 John Deere:** (gom). **94–95 Dorling Kindersley:** Doubleday Swineshead Depot (u). **94 John Deere:** (gor). **96–97 CLAAS. 98–99 Dorling Kindersley:** David Bowman. **100–101 Dorling Kindersley:** Grimme UK (u). **100 Grimme:** (ml). **102 AGCO Ltd:** (ur). **New Holland Agriculture:** (ml). **103 New Holland Agriculture:** (ul, go). **104 Dorling Kindersley:** Keystone Tractor Works (ml); Paul Holmes (um). **104–105 Hagie Manufacturing Company:** (gom). **105 Stuart Gibbard Collection:** (gor). **John Deere:** (ur). **106–107 Dorling Kindersley:** Lister Wilder (u). **107 Dorling Kindersley:** Lister Wilder (mr). **108 AGCO Ltd:** (ml). **New Holland Agriculture:** (ul). **109 New Holland Agriculture:** (u). **110 Dorling Kindersley:** Lister Wilder (u). **FLPA:** Imagebroker/Imagebroker, Markus Keller (gom). **111 Dorling Kindersley:** Doubleday Swineshead Depot (ur). **FLPA:** Imagebroker/Imagebroker, Helmut Meyer Zur Cap (gol). **McCauley Trailers Ltd:** (m). **114 AGCO Ltd:** (um). **Dorling Kindersley:** James Rivers (gor, m). **115 AGCO Ltd:** (ul). **Dorling Kindersley:** James Rivers (go). **New Holland Agriculture:** (ur). **116–117 Alamy Images:** bronstein (um). **116 AGCO Ltd:** (gor). **Max-Holder:** (ul). **117 AGCO Ltd:** (gor). **John Deere:** (mr). **118–119 Alamy Images:** Micha Klootwijk. **120-121 Alamy Images: HOT SHOTS (go). 121 Cody Images: (ml). David Parfitt: (ur). 122–123 BAE Systems 2007:** (m). **124–125 Alamy Images:** P Tomlins. **126 Alamy Images:** Ken Howard (mlo). **126–127 Alamy Images:** Hayden Richard Verry (m). **127 AGCO Ltd:** (ur). **Alamy Images:** imageBROKER (gor). **128–129 www.thecoldestjourney.org:** (m/ alle Bilder). **130 Steyr:** (ul). **130–131 AGCO Ltd:** (m). **131 AGCO Ltd:** (mr). **Dorling Kindersley:** James Rivers (go). **Ponsse Oyj:** (mlu). **132–133 Dorling Kindersley:** James Rivers (m). **132 Dorling Kindersley:** James Rivers (ul). **133 John Deere:** (gol). **134–135 Dorling Kindersley:** James Rivers. **136 Alamy Images:** picturesbyrob (mlo); Robert Shantz (um). **136–137 Dorling Kindersley:** James Rivers (go). **137 Dorling Kindersley:** James Rivers (gor, u). **138–139 Alamy Images:** Mick House. **141 New Holland Agriculture:** (mro).

Cover: Vorn: Dorling Kindersley: Andrew Websdale gogl, Chandlers Ltd mgl, Doubleday Holbeach Depot m, Keystone Tractor Works ml, mr, Lister Wilder ur, Paul Rackham gol, gogr, mugl, Peter Goddard gor, Richard Mason mo; **New Holland Agriculture:** gom. **Hinten: Dorling Kindersley:** Doubleday Swineshead Depot gom, Keystone Tractor Works mlu, ugr, Lister Wilder um, ur, Paul Rackham gol, ugl, gogr, The Shuttleworth Collection gogl; **Dreamstime.com:** Mihaly Pal Fazaks m; **SGC:** gor. **Rücken: Dorling Kindersley:** Lister Wilder go, Michel Geldorf u, Paul Rackham go (Caterpilar D7), mo.